한국 **차**의 진실
韓國　茶　眞實

한국 차의 진실

한국 차 3賢이 구축한 전통 제다 · 다도의 탁월한 정체성

초 판 1쇄 발행일 2023년 1월 5일
초 판 2쇄 발행일 2024년 10월 25일

지은이 최성민
펴낸이 양옥매
디자인 박예은
교 정 조준경

펴낸곳 도서출판 책과나무
출판등록 제2012-000376
주소 서울특별시 마포구 방울내로 79 이노빌딩 302호
대표전화 02.372.1537 **팩스** 02.372.1538
이메일 booknamu2007@naver.com
홈페이지 www.booknamu.com
ISBN 979-11-6752-259-7 (03150)

● 한국 차 3賢이 구축한 전통 제다 · 다도의 탁월한 정체성 ●

한국 차의 진실
韓國 茶 眞實

최성민 지음

책과나무

왜 '한국 차의 진실' 이어야 하는가?

『한국 차의 진실』이라는 책이름은 오늘의 한국 차와 차문화가 차계와 차학계 주도 세력의 사리사욕 명리 추구의 제물로서 왜곡과 농락의 대상이 되고 있음을 시사한다. 거짓과 비리로 감옥에 간 두 전직 대통령들의 가훈이 '정직'과 '청렴'이듯이, 흔히 가훈이나 교훈, 책이름 등은 그것과 반대인 현실을 반영하거나 질책하는 의미를 담는다. 이는 인(仁)을 내세운 공자에 대해 노자가 '무위이무불위(無爲而無不爲)'라고 한 이치와 같다.

차는 선사 시대 이래 인류의 삶에 동반돼 왔다. 이 땅에는 신라 때인 828년 중국에 사신으로 갔던 대렴이라는 분이 차 씨앗을 들여왔고, 고려와 조선 시대에 걸쳐 제다와 음다가 성행했다. 차가 '다도'라는 각별한 차문화와 더불어 유구한 세월 변함없이 우리 삶을 감싸 올 수 있었던 것은 모든 식음료 가운데 가장 진실하게 자연의 수기(秀氣)를 지니고 있다는 동양사상 기론적(氣論的) 해석에 기인한다. 차가 지닌 그 상서로운 기운은 차의 덕성으로 일컬어지면서 '사무사(思無邪)' 또는 '성(誠)'이라는 차정신으로 표현되기도 한다.

차는 우주 · 자연의 곧고 성실한 덕성인 청신한 생명에너지를 농축하여 '다신(茶神)'이라는 이름으로도 담고 있다. 차를 마시면 다신이 우리 심신에 이입돼 자연과 하나가 되는 '자연합일'의 경지에 이르게 된다는 것이 동양사상의 자연과학인 기론에 따른 다도수양 원리이다. 제러미 리프킨(Jeremy Rifkin)은 『회복력 시대』에서 "바이러스가 계속 출현하고 기후는 따뜻해지고 있으며 지구는 야생으로 돌아가는 중이다. 자연정복 · 자연계 파멸의 시대에서 자연회복 · 자연적응의 시대로 되돌아가야 한다."고 말하고 있다. 리프킨의 메시지는 이미 차와 차문화에 담겨 왔다. 선현들은 일찍이 그것을 감지하고 선각적인 차론(茶論)을 외쳤다.

이 책은 한국 차 3현(三賢)인 한재 이목, 다산 정약용, 초의선사의 차론을 분석한 내용을 좀 더 진지하고 학구적인 논문 형식으로 실은 것이다. 한재의 『다부』는 일찍이 한국 차문화의 정체성을 다도 본연의 '수양 다도'로서 제시한 문헌이고, 다산의 '강진차'는 실학자이면서 귀양객이었던 다산이 다산 강진에서 직접 다양하고 독창적인 제다법과 녹차류를 창안하여 제자들과 차로써 행사적(行事的)·내성적(內省的) 다도수양을 실천한 내용이다.

또 '초의의 차 인식 추이'에 관한 글은 이른바 '초의차 계승자'임을 자처하는 이들이 초의를 '한국의 다성' 또는 '한국 차문화의 중흥조'라고 하여, 선사(禪師)인 초의를 차인(茶人)으로서만 지나치게 추앙하고 있는 과공비례와 위선의 탈을 벗겨 내고자, '초의차 계승자'의 주관적 사리사욕의 시각을 비판하는 취지에서 쓴 것이다.

이 세 편의 글을 통하여, 차와 차문화가 본래 동양사상의 문화적 산물임에도 오늘날 서양과학의 이학적 견지에서만 논의되고 있는 데서 학문적 정합성을 잃고 있으며,

명리 추구에 오도된 다수 차학자와 차명망가들의 무지·무책임한 주장들로 인하여 한국 차와 차문화의 정체성이 상실되면서 전통 녹차를 기반으로 한 한국 차농(茶農)과 차산업이 위기에 처하게 되었음이 드러날 것이다.

이런 와중에도 한국차학회가 해마다 춘·추계 두 차례의 연례 학술대회를 열고 있고, 각종 차인 단체들이 성황을 누리면서 42억 원의 국비가 투입된 '2023년 하동 세계차엑스포' 등 매년 대형 차행사가 열리고 있다. '한국 차문화의 정체성 상실과 그에 따른 한국 차의 위기 및 차단체들과 차행사의 성황'이라는 병리적(病理的) 병립(竝立) 현상은 한국 차계와 차학계의 위선을 상징한다.

남도 차 산지 두 지자체에서는 인근 대학 차학 관련 학과 일부 교수들과 합작으로 중국에서는 일찍이 폐기된 당·송대의 '쉰 떡차'류와 같은 차를 '복원'이라는 미명 아래 등장시켰다. 한 곳에서는 지금까지 국민 세금 1백억 원이 쓰였다고 한다. 여기에서 발생된 퇴물 옛차 증식 바이러스는 인근 지자체로 감염돼 제다와 차의 품질에 관한 아무런 학술적 근거가 없이 또 다른 폐기물 옛차를 '복원'했다고 내세운다. 또 어떤 이는 '초의차'를 부르짖다가 역시 퇴물로서 사라진 고려 시대 단차 및 청자다기를 외치고 있다.

한국 차계와 차학계에 학문적 양심과 학술적 논리보다는 한탕주의 위에서 환상과 허구를 좇는 시대착오가 득세하고 있는 광경이다. 일부 차 명망가 또는 차학자들이 벌이는 이런 황갈색차 또는 보이차 흉내내기 광란 현상은 한국 차와 차문화의 정체성 상실을 부채질하여 한국 차의 위기 상황을 가속화하고 있다.

한편 순천대 지리산권문화연구원은 한국연구재단으로부터 18억원의 연구비를 받아 2022년부터 6년간 '한국 전통제다 기법의 역사적 원형 복원과 현대적 계승을 위한 DB구축'이라는 주제의 '연구사업'을 벌이는데, 그 일환으로 2022년 9월 보성군과 업무협약을 맺었다. 보성군은 2021년 '보성 뇌원차'를 '복원'했다고 발표한 바 있다. 뇌원차 '복원' 보고서(『고려황제 공차—보성 뇌원차』)는 근거 자료가 없어서 중국 기록에 의존하여 '장님 코끼리 만지는 식'으로 뇌원차를 복원했다고 밝히고, 보성 녹차는 품질과 보관에 문제가 있으니 떡차와 발효차 인기 추세를 따라야 한다고 권고하고 있다. 보성군은 오랜 기간 '녹차 수도' 명성을 쌓아 온 곳이다.

지리산권문화연구원은 남도 일대 제다 현황 DB구축에 있어서 "평가를 하지 않고 있는 그대로 기록한다"는 원칙을 밝혔다. 이는 이 연구원에 전통 제다 연구 실적 또는 전통 제다의 정(正)·위(僞)를 판별할 전문성과 전문 인력이 없음을 자인한 것으로 들린다. 실제로 나 역시 이 DB구축사업 대상 인터뷰였는데, 이 일 개시에 즈음하여 영입된 데이터전문가와 사학과 조교 1명 등 급조된 팀이 와서 말하는 대로 녹화하는 게 전부였다. 여기서 문제는 차 산지 지자체 및 일부 업계 매스컴 등 비학술단체와 업무협약된 단순 기록작업에 '학술연구' 명분 한국연구재단의 장기간 거액의 국비 투입이 타당하고 공정한가이다. 또 하나는 오늘날 한국 차농과 차산업 위기의 원인이라고 할 수 있는, 반학문 상업적으로 오도되어 극심한 혼돈 상태에 놓인 중구난방식 제다의 실상을 '학술연구'와 데이터 베이스화라는 미명하에 '전통 제다'의 다양성인 양 정당화하여 '한국연구재단 지원사업'의 권위로써 포장할 수 있다는 것이다. 이 사업이 이전 남도 일부 차산지 지자체의 실적주의와 그곳 차학계의 '한탕주의'용 거짓의 결탁이 빚은 폐기물 옛차 '복원'의 데자뷰로서 일찍이 한재와 다산이 확실하게 구축해 놓은 한국 전통 제다와 다도의 진정성·정통성·구체성을 훼손하지 않기를 간절히 바란다.

이런 일들은 중국 제다사를 들여다보거나, 한국 차 3현이 '한국 수양다도'를 지향하고 다산과 초의가 녹차로써 차의 본래성을 고수했던 이유를 알고 보면, '사무사(思無邪)'와 '성(誠)'이라는 차정신을 말해야 하는 차인이나 차학자들로서는 무지나 실수 차원을 넘어 학구적 양심을 저버린 짓이다. 다산이 계신다면 '학술적 범죄'라고 크게 분개하여 관련 지자체장과 사이비 차학 교수들을 '나라 돈 탕진 죄'로 중벌하도록 상소하실 국가적 사건이다.

『한국 차의 진실』은 한국 차 3현의 절실한 차론(茶論)을 빌려, 한국 차를 쇠망의 길로 몰아대는 한국 차학계와 차계의 돈에 넋을 판 교수들과 사리사욕 명리 추구에 목맨 차명망가들의 위선과 비리를 고발하고자 한다.

2022년 늦가을 찬바람 불어오는 무렵,
곡성 섬진강가 산절로야생다원
(사)남도정통제다 · 다도보존연구소에서

최성민

차례

2부   녹차 일관(一貫),
한국 전통차의 원형으로서 강진 다산차의 정체성

1부

한국 수양다도,
한재의 혜안(慧眼)이 명시한
전통 차문화의 정체성

한재 이목은 『다부』에서 다도의 원조 중국이나 일본에 없는 '수양다도(修養茶道)' 본연의 원리를 설파하여 한국 차문화의 방향을 제시하였다. 그러나 오늘날 한국엔 정체불명의 다례(茶禮)가 횡행하고, 차산지 지자체 두 곳은 사이비 차학자들의 요설을 바람잡이로 폐기물 황갈색 옛차 '복원'에 국민세금을 탕진하고 있다.

『다부』에 나오는 '神動氣而入妙 是亦吾心之茶(다신이 우리 심신에 이입돼 심신의 기운을 神氣로 고도화시켜 우주·자연의 생명력인 신기와 공명·동조하게 함으로써 자연합일의 경지에 이르게 하니, 이것이 바로 정신화된 차라네)'라는 문구는 "어떤 차를 왜 마셔야 하는가?"라는 우문(愚問)에 현답(賢答)이 될 것이다. 차의 대가들이 뜬구름 잡는 식으로 얼버무리는 다도수양의 원리가 그 말에 들어 있다.

I
서론

1. 한국 차와 차문화의 정체성 문제에 대하여

오늘날 한국 차계와 차학계에서는 차를 기호음료로 보는 경향이 대세이다. 그러나 이 '기호음료'라는 말은 커피나 주스와 같은 일반적인 기호음료가 갖는 의미로써 전통 녹차를 단순한 기호음료의 반열로 추락시켰다. 그 결과 한국 녹차는 말초적 또는 허구적 감각에 부응하는 기호음료에 불과한 커피와 보이차 등과의 경쟁에서 낙오되어 한국 차농과 차산업이 위기를 맞고 있다.

차를 발견한 신농씨가 99가지 약초에 중독되어 차로써 해독했다는 상징성이 보여 주듯이 차는 일찍이 약용으로 음용되기 시작하였고, 『동의보감』 등 한·중 의학서에 차의 약성이 언급되어 있으며, 일본 최초의 다서인 에이사

한국 茶의 진실

이(榮西, 1141~1215)의 『끽다양생기(喫茶養生記)』 역시 차의 약용에 관한 기록이다. 여기에서 우리는 차를 '기호음료'라고 하는 인식이 차의 '약용'에 대한 대비적 개념임을 알 수 있다. 즉 차를 기호음료라고 하는 것은 차에 약용 이외의 효능이 있다는 말로서 '기호음료'의 의미를 깊게 해석할 이유를 말해 준다고 할 수 있다.[1]

그러나 오늘날 한국 차계에서 차를 기호음료로 보는 견해는 차가 단순히 일반 기호음료처럼 향과 맛으로써 취각과 미각 등 말초적 감각을 충족시켜 주는 음료라고 생각하는 것이다. 이런 견해는 제다의 목적을 "차의 떫고 쓴맛을 제거하는 것" 또는 "찻잎의 독성을 제거하여 사람에게 유익한 차를 만드는 것"[2]이라는 주장과 같은 선상에 있다.

또 "녹차는 냉하다"는 주장과 함께 '부드럽고 감미로운

---

1   최진영은 『東茶의식의 형성과 전개에 관한 연구』(2013년 성신여자대학 대학원 박사 학위 논문)에서 "차의 과학적 성분과 약리적 효능이 주는 건강식품으로서의 위치와 기호성이 주는 심리적 만족감과 정신적 평화가 양립해야 한다. 건령상병(健靈相倂)에 내함되어 있는 또 하나의 의미라고 생각한다."고 했다.

2   박동춘, 『초의선사의 차문화 연구』, 일지사, 2010, 109쪽.

차'에 대한 지향으로서 보이차와 산화발효차 계통에 쏠리는 관심도 차를 단순한 기호음료로 보는 견해를 반영한다. 차의 본질적 요소라고 할 수 있는 차의 3대 성분 중 카테킨의 떫고 쓴맛을 '독소' 또는 제다 공정에서 제거해야 할 부정적 요소로 보는 것이다.

이런 현상의 결과로서 한국의 전통차인 녹차에 대한 관심이 줄어들어 한국 차농과 차산업의 위기로 이어지고 있다. 녹차에 기반한 전통 차문화인 조상 전래의 한국 수양론적 다도에 대해서는 대중은 물론 차계나 차학계의 관심조차 사라지고, '다례'라는 정체성 불명의 형식 위주 행다 양식이 전통 차문화 전형인 것처럼 인식되고 있는 것이다.

이처럼 오늘날 한국 차와 차문화의 정체성은 차를 기호음료로 보고 기호음료에 대한 제한적인 인식으로 인해 혼돈을 겪고 있거나 왜곡되고 있다. 한국 차문화 정체성 혼란의 근본 원인은 한국 차와 차문화가 중국을 시원(始原)으로 하여 한국화된 것으로서 동양사상을 문화적 · 이론적

한국 茶의 진실

기반으로 한다는 사실을 망각한 데 있다. 이 글(연구)의 목적은 동양사상의 기반 위에서 한재의 『다부(茶賦)』를 텍스트로 하여 한국 전통 차와 차문화의 정체성을 동양문화적 시각으로 확인해 보자는 것이다.

2. 『다부』에 관한 저술 및 선행 연구의 경향성

한재의 『다부』에 대해서는 연구 논문과 번역서 등 관련 저술들을 통해 비교적 많은 연구 · 분석 · 해설이 축적되어 있다. 최영성은 『국역 한재집』(2012, 도서출판문사철)에서 "차 예찬의 글로 『다부』처럼 철학적 깊이를 갖춘 것은 차의 역사가 깊은 중국에서도 찾아보기 어렵다."고 하고, 『다부』의 '오심지차'가 심성 수양의 궁극적 경지를 시사한 것이라고 하였다.

정영선은 『다도철학』(2010, 너럭바위)에서 "한재 이목은 다도를 통하여 도경(道境)에 이른다고 여겼다."고 하고, 『다부』의 '오심지차'는 차생활의 덕이 남아 도(道)의 묘경에 들고 또한 절로 즐거운 '화(和)'에 이름을 뜻한다고 하였다. 그는 또 『다부』는 현존하는 한국의 전문 다서로서 가장 오래되고 대표적인 서적이라고 하였다.

류건집은 『다부 주해(茶賦 註解)』(2012, 이른아침)에서 『다부』는 정신적·사상적인 측면을 중심으로 쓴 작품이며, 동양 삼국의 어느 다서에서도 한재처럼 깊은 인본사상과 결부해 심오한 깨달음을 온통 논한 책을 아직 보지 못했다고 했다.

박남식은 「한재 이목의 차도사상 연구」(성균관대 생활과학대학원 박사학위 논문)와 『기뻐서 茶를 노래하노라』(2018, 도서출판 문사철)에서 "『차부』는 유학사상과 노장사상이 절묘하게 융합한 차심일여(茶心一如)의 사상이 강조되고 차의 정신 수양이 강조된 차서로 독보적 지위를 차지한다."고 하였다.

정민과 유동훈은 『한국의 다서』(2020, 김영사)에서 "이 시기(『다부』 저술 시기) 조선에서 차문화는 쇠퇴 일로를 걷던 상황이어서, 〈다부〉는 더욱 이채롭고 특별한 존재감을 보여 준다. 한국에서 차에 관한 전문적 저작으로는 첫 자리를 차지해야 마땅하다."고 하였다.

위와 같이 관련 논문이나 저술들 대부분은 『다부』를 심성 수양을 지향한 다도 전문서로 보고, 『다부』의 수양론적 결론을 '오심지차'의 의미에서 찾고 있다. 그러나 이런 주장 또는 해설은 단선적이고 당위론적인 귀결이라는 인상을 준다. 즉 '오심지차'의 의미에 대한 학술적 또는 동양사상적 기반의 분석이 미흡하여 오심지차가 함의하는 수양론적 기제나 원리가 구명(究明)되지 못하고, 독자들로 하여금 차를 마시면 왜 수양이 되는지에 대해 "차를 마시면 어쨌든 그렇게 되는가 보다."라는 식의 개연적 추론에 머물게 한다.

3. 연구 방법

이 연구는 한국 차문화의 정체성 파악이라는 관점에서

동양사상의 수양론적 원리에 입각하여 『다부』에 제시된 '다도'의 본질적이고 기능적인 측면 및 다도 본래의 목적과 효능(功效)을 살펴봄으로써, 한국 차문화의 본질적 정체성을 확인해 보고자 하는 것이다. 이를 위해 동양사상 유·불·도에 관통하는 존재론적 기반으로서 기론(氣論, 氣學)의 내용과 수양론적 함의 및 그것이 『다부』에서 다도의 기제로서 어떻게 응용되고 있는지를 집중적으로 분석해 보고자 한다.

또 『다부』가 한국 차문화사에서 갖는 의미를 탐색하기 위해서 『부풍향차보』에서 『동다송』에 이르는 한국 다서들의 내용을 비교 분석하여 그것들의 특색과 그 자료들에 들어 있는 저자들의 차 인식 추이를 살펴보고자 한다. 여기에 필자가 20여 년의 야생다원 현장에서 체득한 야생차나무의 생태, 전통 제다와 음다 수양 체험에서 얻은 지식을 보조 자료로 활용하고자 한다.

한국 茶의 진실

II
『다부』와 수양다도

1. 동양사상의 기론과 수양의 원리

동양사상에서 심신을 닦고 고양시키는 문화양태에 관한 유사한 용어들로서 수양, 수행, 양생이 있다. 수양(修養)은 유교의 용어로서 '수심양성(修心養性)'의 줄임말이다. 유가의 수양 개념은 맹자가 인간의 본성을 인·의·예·지의 순선함으로 파악한 데서 비롯되었다. 맹자는 인간이 타고난 착한 심성인 인·의·예·지를 보존하고 배양하는 것을 '존심양성(存心養性)'이라 했다. 이 존심양성이라는 말이 나중에 좀 더 본격적인 수양의 용어로 변하여 수심양성이 되었다. 수심양성은 마음의 구조를 심속에 성과 정이 들어 있는 것으로 보고, 잡념 등 심(마음)의 오염원을 걷어내고 인·의·예·지로 구성된 성을 보존하고 배양한다는 의미이다.

수행은 불교의 용어인 '수습행도(修習行道)'의 줄임말이다. 고(苦)의 원인으로서 무명(無明)이 빚은 욕탐(慾貪)·망상(妄想)의 축적(集)인 습(習)을 닦아 내고(修習), 번뇌를 멸(滅)하는 팔정도의 길을 간다(行道)는 의미이다. 양생(養生)은 도가에서 우리 심신에 우주자연의 생명력을 채워 기른다는 의미의 기질 수련 용어로서, 『장자』 내편 '양생주(養生主)'의 줄임말이라고 할 수 있다.

수양·수행·양생은 각각 유가·불가·도가에서 道라는 말을 방법론적 또는 목표적 개념으로 공유하고 氣論을 이론적 기반으로 깔고 있다. 道가 동양사상의 공유개념이라는 것은 동양사상이 마음을 주제로 하는 종교적 철학이어서 근본적으로 수양론임을 말해 준다. 먼저 道의 개념을 살펴보자. 道는 동양사상(유·불·도)의 수양 언어로서 우주·자연의 원리(섭리) 또는 그 원리를 깨닫게 되는 길을 의미한다.

'道' 자를 유파(流派)의 이름 앞에 내세운 도가(道家)에서

는 자연의 존재형식과 운행원리를 도라 한다.[1] '無爲而無
不爲'[2] 및 '人法地 地法天 天法道 道法自然'이라는 말이 도
가의 도의 의미를 잘 설명해 준다. 유가에서는 현실 생활
의 원만함을 유지(經世)시켜 주는 기준인 人道를 중시하
며 人道는 天道를 본받는다. 주역의 괘사 뒤에 붙어 있는
"象曰… 君子(先王)以…. 대상전에 말하길 '군자(선왕)는 괘
사의 뜻(천도)을 본받아(以)… 한다'"라는 말이[3] 이를 상징
한다. 불가에서는 부처님의 핵심적 가르침을 四聖諦(苦 ·
集 · 滅 · 道)라 하였는데, 그중에 들어 있는 道는 滅에 이르
는 수행의 길(팔정도)을 말한다.

자연의 섭리 자체인 도가의 도, 자연의 섭리를 본뜬 인
간의 도리인 유가의 도, 인간과 자연을 초월하여 잡념과
번뇌가 없는 깨달음의 길에 이르는 불가의 도는 각각 양

---

1   노자 『도덕경』 제24장에서 "人法地 地法天 天法道 道法自然(사람은 땅은,
       땅은 하늘을, 하늘을 도를, 도는 자연을 본받는다)"이라 하였다.

2   노자 『도덕경』 제37장에 나오는 말로 "인위적으로 하지 않아도 이루어지지
       않음이 없다"는 의미이다.

3   예컨대 중천건괘(重天乾卦) 괘사 뒤에 '天行健 君子以自强不息. 우주
       자연의 운행(천도)은 굳건하다. 군자는 이를 본받아 스스로 강화하고 쉬지
       않는다.'고 했다.

생·수양·수행의 기제(機製, 원리)로서 기론을 도입하고 있다. 기론은 근본적으로 동양사상 전반의 존재론적 원리이기도 하다. 기론은 선사 이래 대중지성이 개발한 동양사상의 자연과학에 해당하는 논의로서, 우주 만물 현상이 氣로 이루어져 있다는 학설이다. 기는 취(聚)·산(散)과 끊임없는 변화를 원칙으로 하기에 세상 만물의 물질적 정신적 퇴보와 진보 및 인간 심성의 개선인 수양을 가능하게 한다.

기론은 백가쟁명의 춘추전국시대에 직하학에서 본격 논의돼 『관자』에 수양론적 측면이 정리되었다. 도가는 가장 먼저 기론을 도가사상의 뼈대이론(존재론)으로 받아들여 철학적 이론 구성의 선도 역할을 하였다. 도가에서는 인간의 심신(心身) 역시 기로 이루어져 있다고 보고, 인간의 심신에서 탁기(濁氣)를 몰아내고 우주 자연의 청기(淸氣)를 채워 자연합일을 이루는 것을 양생의 목표로 설정하였다. 『장자』「제물론(齊物論)」에 나오는 '오상아(吾喪我)'나 「인간세(人間世)」의 '허실생백(虛室生白)' 개념은 모두 기론에 따르는 도가 수양·양생의 방법 또는 그 결과이다.

유가는 맹자가 호연지기(浩然之氣)를 말한 데 이어 송대 성리학의 기본 뼈대로서 기론을 도입하여 이기론(理氣論)으로 정리함으로써 유가 수양론의 방법론적 토대를 마련하였다. 나아가 주자는 기를 '정 → 기 → 신'의 단계로 고도화되어 우주 만물(자연, 천도)과 인간의 심신을 통합(자연합일)시키는 기제로 보았다. 유가(성리학)는 주자가 정립한 마음구조의 심통성정(心統性情)의 원리상 성(性)이 기(氣)에 의해 발현되어 정(情)이 되는 순간의 전후에 초점을 맞춘 '거경함양(居敬涵養) · 이발성찰(已發省察)'을 수양의 핵심으로 삼는다.

불가는 위진남북조시대에 사상적으로 크게 성행하면서 삼교(三敎) 간 논쟁과 융합 과정에서 기(氣) 범주를 흡수하였다. 남조시대에 발생한 신불멸론과 신멸론의 논쟁에서 혜원(慧遠, 334~416)은 "신(神)이란 무엇인가? 정(精)이 지극해져서 영(靈)이 된 것"이라고 하여 기론의 입장을 취했고, 혜사(慧思, 515~577)는 『제법무쟁삼매법문(諸法無諍三昧法門)』에서 사념처관을 논하면서 관상(觀想)과 관련된 참선법으로 기식(氣息)을 언급했다. 여기서 기식은 불교에서 참선

수련 때 선정에 들어가는 기공으로, 도교 내단수련의 행기태식법(行氣胎息法)과 비슷한 것이다.[4]

이때 신불멸론(神不滅論)의 중심에 있던 종병(宗炳)은 「명불론(明佛論)」에서 개체적인 神과 궁극적인 神(凡神)이라는 두 차원의 神을 제시하고, 神을 윤회의 주체인 동시에 윤회로부터 벗어날 수 있는 형이상학적 근거로 삼음으로써 불교 수행의 타당성을 입증하고자 하였다. 즉 열반이란 불교 수행을 통하여 개체적 神이 범신(凡神)의 차원에 들어가는 것이다.[5]

불가에서 보는 마음구조는 전육식(前六識)으로부터 제7 말라식을 거쳐 제8식인 아라야식으로 이르는 것이고, 아라야식은 윤회의 씨앗인 업력(業力)을 종자(種子)로써 보관하는 장식(藏識) 역할을 하는데, 이때 업력인 종자를 氣의 응집체로 본다. 이 아라야식의 종자를 개선하거나 종자와

---

4 최성민, 『동양사상 수양론 道 ─ 마음 비우기 · 채우기 · 기르기』, 책과나무, 2022, 77〜78쪽.

5 박현숙, 『宗炳 「畵山水序」의 形神論的 研究』, 성균관대학교 유학대학원 동아시아사상 · 문화학과 석사학위논문, 2015.

28 한국 茶의 진실

기론의 시각으로 본 동양 사상의 마음구조

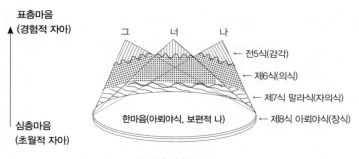

표층마음
(경험적 자아)

그 너 나

← 전5식(감각)

← 제6식(의식)

← 제7식 말라식(자의식)

심층마음
(초월적 자아)

한마음(아뢰야식, 보편적 나) ← 제8식 아뢰야식(장식)

불가의 마음구조

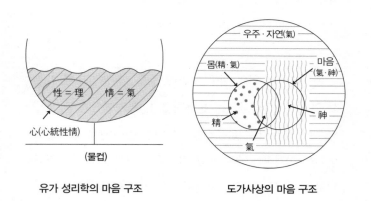

性＝理 情＝氣

心(心統性情)

(물컵)

우주·자연(氣)

몸(精·氣) 마음(氣·神)

精

氣

神

유가 성리학의 마음 구조 도가사상의 마음 구조

관련한 구속으로부터 벗어나고자 하는 일이 불가의 수행
의 목표라고 할 수 있다.

그렇다면 수양, 수행, 양생이 차와 어떤 관계가 있는지는 유·불·도가에서 수양(수행, 양생)의 수단 또는 매체로 차를 어떻게 활용했는지를 살펴봄으로써 알 수 있다. 이 문제는 기론에 바탕한 유·불·도가의 마음 구조와 직결된다.

靜坐處茶半香初 妙用時水流花開
정좌 명상의 자리에 차가 한창 익어 차향이 발현되어 (마시니)
茶神이 작동하여 性이 情으로 이발(已發)되는 때에
우주 자연의 아름다운 조화(수류화개)와 하나가 된다.

유가에서는 위의 시구가 말해 주듯, 수양(정좌)에 차를 득도(자연합일)의 매체로 활용하였다. 불가에서는 '끽다거'와 '다선일미'라는 말이 상징하듯이 차는 수행의 장애물인 번뇌를 제거하는 수단 또는 자연의 섭리를 깨닫는 징검다리로 활용되었다. 도가의 경우는 도가의 마음구조와 '다신(茶神)' 및 『장자』에 나오는 '오상아(吾喪我)'(齊物論)와 '허실생백(虛室生白)'(人間世)이라는 말을 연결시켜서 차에 의한 양생의 원리를 파악할 수 있다. 즉 '오상아'는 자의식(自意識,

한국 茶의 진실

我)까지 비운(喪) 나(吾)를 말하고, '허실생백'은 '모든 것을 비우면 새롭게 밝아진다.'는 의미인데, 이때 비우는 대상은 자의식이라는 잡념을 이루는 탁기(濁氣)이고 다도수양에서 탁기를 비워 허실을 생백하게 하는 매체는 다신(茶神)이라는 청기이다.

2. 다도의 의미 변천과 한·중·일 삼국의 차문화

동양사상 수양론의 측면에서 볼 때 다도란 차를 통해 우주 · 자연의 섭리에 이르는(깨닫는) 길 또는 차를 통해 깨닫는 우주 · 자연의 진리 자체를 의미한다고 할 수 있다.[6] 이때 차는 자연의 섭리를 총체적으로 함유하는 자연의 정수(精髓)로 간주되고, 다도수양에서의 진리란 차를 통해 체득하게 되는 우주 · 자연(天道)의 섭리 또는 깨달음이라 할 수 있다. 이런 맥락에서 다도는 차문화의 핵심을 이룬다. 차생활이나 차문화의 최종 목적은 차를 마셔서 심신의 바람직하고 궁극적인 변화를 얻는 것이므로, 행다(行

6   최차란, 『막사발에 목숨을 쏟아 붓고』, 화산문화, 2008, 119쪽.

茶)나 음다(飮茶)를 통해 육체의 건강은 물론 정신의 이상
적 경지를 얻는 일은 차생활과 차문화의 핵심이자 최종
목적이라고 할 수 있기 때문이다.

　1970년대 말 '한국 다도' 정립을 위해 한국 차인회 설립
을 제안했던 무초(無草) 최차란(崔且蘭, 1926~2018)은 "다도
에서 도는 우주의 원리의 흐름을 뜻하는 것이요, 차는 기
(氣), 향(香), 미(味) 삼대 요소가 어느 하나에 치우치지 않
는데, 이는 바로 중용의 도이다. 그러므로 우주의 흐름을
따르는 것에 차의 중용을 합친 것이 다도이다."[7]라고 했
다. 최진영은 "다도는 행다를 내면을 성찰하는 계기로 삼
은 데 대한 개념"이라고 말하며 "다도는 행다를 통해 깨달
음에 이르게 하는 경로"라고 설명했다.[8]

　차는 선사시대 신농씨에 의해 발견되어 오늘날까지 단
순한 식음료 차원을 넘어 고아한 품격을 지닌 문화복합체

7　위의 책 119쪽.

8　최진영, 『동다의식의 형성과 전개에 관한 연구』, 성신여자대학교 대학원
　생활문화소비자학과 박사 학위 논문, 159쪽.

　　　　　　　　　　　　　　　　　　　　한국 茶의 진실

로서 생명력을 유지하고 있다. 차가 여느 식음료를 능가하는 문화적 차별성을 갖는 것은 다도(茶道)라는 말로써 입증된다. 다도는 茶에 道자가 붙은 것이고, 道는 동양사상(儒佛道)의 修養(修行, 養生) 언어이다. 그러나 오늘날 다도는 동양 차문화 주축국인 한·중·일 삼국에서 각각 다례(茶禮), 다예(茶藝), 일본 다도(日本 茶道)로 구분돼 그 의미 인식에 혼란을 야기하고 있다. 차가 자연의 청아한 기운을 전해 준다는 점에서 한·중·일 삼국의 차의 본질이나 본래성에 대한 인식은 같을지라도 다도의 양상이 각각 다르다. 특히 다도를 수양론적 시각으로 볼 때 현행 한국의 다례는 중국 다예나 일본 다도에 비해 다도 본래의 수양론적 본질에서 상당히 멀어져 있다고 할 수 있다.

'다도'라는 말은 중국에서 차가 한창 성행하면서 육우가 『다경(茶經)』을 저술한 무렵인 8세기 말 당나라 봉연(封演)의 『봉씨견문기』의 "이로부터 다도가 크게 성행하여 왕공·대부·선비들이 마시지 않은 사람이 없었다(于時茶道大行 王公朝士無不飲者)"라는 문구에서 '차를 마시는 일'의 의미로 등장하여, 같은 시기 시승 교연(詩僧 皎然, 704~785)의 시에서 "孰知茶道全爾眞 唯有丹丘得如此(누가 다도를 알아 그 참됨을 온전하게 하리요. 오직 여기 단구에서 그것을 얻을 뿐이네)"라는 대목에서 득도(得道)의 의미로 고양되었다.[9]

그러나 송대(宋代)에는 연고차 등장과 함께 다서(茶書)에서 다도라는 말을 찾기 어렵게 되었고, 명대(明代)에 초배(炒焙) 잎차 제다법이 나오고 이어 산화차가 등장하면서 차의 단순 기호화 경향이 짙어졌으며, 16세기 명(明)나라 장원(張源)의 『다록』에서는 '다위(茶衛)' 항목에서 "造時精 藏時操 泡時潔 精操潔 茶道盡矣"라고 하여, 차를 만들고 보관하고 차탕을 내는 일을 '다도'라 하였다. 오늘날에는 중국에서는 다예(茶藝)라 하여 차의 종류 및 품질을 가리고 차를 내는 기예를 중시하는 의미가 강조되고 있다.

한국에서는 고려시대 목은 이색(牧隱 李穡)이 차를 잘 끓여 마시는 일을 성의 정심 수신하는 구체적 방법이라고

9   센겐시쓰(千玄室)는 『일본다도의 정신』(박전열 번역)에서 "육우가 『다경』을 쓰게 된 정신적 기조는 단순히 차의 산지와 식별 방법이나 제법만을 상세하게 기록하는 데 그치지 않고, 오히려 음다를 통하여 도달할 수 있는 피안의 세계를 직접적으로 표현하고자 하는 데 있었던 것으로 보인다."고 하였다.

하여, 세계 최초로 군자 수양의 다도를 주장하였다.[10] 또 조선 전기 한재 이목(寒齋 李穆, 1471~1498)이 한국 최초의 다서인 『다부(茶賦)』에서 '오심지차(吾心之茶)'라는 말로써 다도를 통해 이르는 마음의 궁극적 경지를 표현하여 한국의 차문화를 수양다도의 범주로 규정하였다.

조선 후기 '한국 차 중흥 시조'로 일컬어지는 다산은 강진 유배시 제자들에게 '다신계(茶信契)'를 결성하여 '신의(信義)'를 다도정신으로 삼도록 했으며, 초의는 『동다송』 제60행 주석에서 "評曰 採盡其妙 造盡其精 水得其眞 泡得其中 體與神相和 健與靈相幷 至此而茶道盡矣"라 하여 제다에서 포다에 이르는 과정의 일을 다도라 하였다. 초의는 한재의 '경지의 다도'에 '과정의 다도'를 더해 한국 수양다도를 보완하였다고 할 수 있다.

1979년(1월 20일)에는 한국 차인회가 결성되고 이에 각종 차모임이 회원단체로 가입하면서 나중에 한국 차인연합회로 확대되었다. 이때 각 회원단체들이 각기 다른 형식

---

10   정영선, 『다도철학』, 너럭바위, 2010, 30쪽.

의 '다도'를 주장하면서 형식을 중시하는 이른바 '다례(茶禮)'라는 이름의 행다 양식이 등장하여 한국 차문화의 상징처럼 인식되며 오늘에 이르고 있다. 그 과정에서 진정한 '한국 다도' 정립 주창과 심한 의견 갈등이 있었음을 알려 주는 기록이 있다.

한국 차인회 결성을 맨 처음 주창했던 무초 최차란은 한국 차인회 결성 목적이 '한국 다도' 정립을 위한 것이었으나 각기 회원단체들이 우주의 원리를 깨닫는 다도의 본질적인 의미를 제쳐 둔 채 형식에만 얽매이는 잡차가 성행하게 되었다고 말하며 아래와 같이 한탄하였다.[11]

필자는 잡차가 성행하는 것을 매우 안타깝게 여겨 한국 차인회 관계자들을 만나 한국 다도를 올바르게 정립할 것을 주장했으나 명예욕과 물욕으로 가득 채워진 몇몇 사람들의 의식세계를 감당하기 어려웠다. 그때 나는 박동선 씨에게 한국 차인회 관계자들에게 이렇게 전하라고 했다. '지금 행해지는 것은 다도가 아니다. 도를 모르고 행하는데 그것이 어찌 다도라고 할 수 있는가? 차라

---

11   최차란, 『막사발에 목숨을 쏟아 붓고』, 화산문화, 2008, 134쪽.

리 다례라고 하라.' 이때부터 우리나라에 다례가 확산되었고, 이를 다도로 착각해 나름대로 이루어지고 있는 실행도가 넓게 퍼져가고 있으니, 안타까운 실정이다.[12]

그는 또 "한국 차문화의 맥을 잇자고 시작한 것이 필자가 1979년 박동선 씨에게 한국 차인회 설립을 건의한 것인데, 저마다 차인이라고 나타난 사람들은 순리며, 도리의 뜻을 해명하지 못한 채 다도라는 간판을 걸고 모르는 사람이 모르는 사람에게 교육을 하니 모두가 모를 수밖에 없게 된 것이다. 이것이 우리 차문화의 현주소이다."[13]라고 말했다.

일본의 차문화는 헤이안 시대에 선승 에이사이가 송나라에서 차 씨앗을 들여오고 『끽다양생기』를 지으면서 차를 약용하는 것으로 시작되었다. 막부시대에는 부와 권력을 쥔 무사들이 서원(書院)의 호화방탕한 분위기에서 차를 사치 기호품으로 이용하는 풍조가 팽배하였다. 이에 대한

---

12   최차란, 『한국의 차도』, 화산문화, 2002, 14~15쪽.
13   최차란, 위의 책, 23쪽.

반성으로 무로마치 시대에 무라다주코가 차에 겸허 소박한 선(禪) 관념을 결부시키면서 '일본 다도'의 문을 열었다. 그런데 이때는 이렇게 선원(禪院)에서 발원된 불가의 수행론적 다도가 세속화되는 한편 대저택에서 명기(名器)를 쓰며 호화롭게 펼쳐지는 서원(書院)식 다도도 병행됐다.[14]

또 이에 대한 반성으로 일본 다도는 (다케노 조오에 의해) '와비·사비'[15]의 기조로서 겸허와 대중적 멋이 미학적 가치로 가미되는 방향으로 나아갔다. 이후 일본 다도는 16세기 센리큐에 의해 조선막사발(이도다완, 일본 국보 제26호)

---

14   이런 이원적 일본 다도는 오늘날의 일본 다도 저변에도 남아 있다.

15   와비사비는 幽閒寂寂으로 한역된다. 와비(わび, 侘)는 단순미(Beauty in Simplicity), 사비(さび, 寂)는 쇠락, 허무미(Beauty in Decay)를 의미하고, 와비는 공간적, 사비는 시간적 개념으로도 일컬어진다. 또 와비는 물질적·공간적 부족함과 미완성에 대하여 본질 지향의 정신적 풍족함과 고요함을 누리는 미감, 사비는 시간적 변화의 무상함에서 원초적 자연의 진리를 긍정하는 미감이라고 할 수 있다. 본래 '와비'는 자연 속에서 홀로 지내는 허탈한 마음, '사비'는 '씁쓸한', '메마른'을 뜻했다. 14세기부터 두 단어는 더 긍정적인 미적 가치로 진화하기 시작했다. 이러한 미감은 일상의 세세한 것들에 감사하는 마음과 그 존재들의 아름다움, 자연의 본질적인 면모를 보는 통찰력을 길러 주었다. 일본 다도에서는 와비사비의 세계를 최대한 구체화하는 것을 다도의 근본 목표로 삼는다(레너드 코렌 저, 박정훈 옮김, 『와비사비』, 안그라픽스, 2019, 40쪽). 일본인들이 오랜 기간 자연에서 얻은 세 가지 교훈도 와비사비의 지혜로 모아졌다고 한다. 그것은 비영속, 불완전, 미완성이다.

의 '미완성의 비영구적이고 불완전한', 즉 간소하고 질박한 자연의 미감을 와비의 상징으로 삼는 '와비차'로 완성되었다. 그러나 오늘날 '일본 다도'는 수양이나 수행이라는 다도의 본질보다는 집단적 접빈다례의 형식적 측면이 강조되고 있다.

3. 중국 다예(茶藝), 한국 다례(茶禮), 일본 다도(茶道)

모든 지속 가능한 문화와 문명의 근저에는 그것을 유지 · 지탱시켜 주는 뼈대로서 기반 이론 및 그것을 확립하여 제공하는 학문의 역할이 있어야 한다. 이는 차문화에 있어서도 마찬가지다. 건강한 차문화의 지속 가능을 위해서는 그것을 견인하는 오롯한 차학이 있어야 한다. 한국에도 한국 차학회가 있어서 분기별로 학회를 열고 논문집도 낸다. 그럼에도 오늘날 한국 차문화와 차산업의 국면이 어두운 것은 한국 차학이 적절한 역할을 하지 못한 것도 한 원인이라고 할 수 있다.

한 예로서, 2021년 12월 2일 대구 계명대에서 운영하는 학술강좌 〈목요철학〉에서 「차문화 학술 심포지엄」으로 '한국 차문화와 대중화'라는 주제의 발표회가 있었다. 발표회 뒤 질의응답 순서에서 다예, 다례, 다도가 어떻게 다르냐는 질문이 나왔다. 그러나 발표자들 가운데 누구도 학술적으로 적절한 대답을 하지 못했다. 이는 차문화의 중요한 명제에 대해 한국 차학계에서 이론 정립이 돼 있지 않다는 것을 말해 준다.

다례·다예·일본 다도는 차계와 차학계에서 한·중·일 삼국 차문화를 구별하거나 비교할 때 흔히 쓰는 공식적 용어라 할 수 있다. 즉 중국 차문화 양태는 '다예(茶藝)', 한국은 '다례(茶禮)', 일본의 경우는 '일본 다도(日本 茶道)'라는 말로 각각 대표된다. 그렇다면 한국 차학계는 현행 '다례'의 내용이 어떻고, '한국 다례'라는 말이 국제 사회에서 한국 차문화의 수준을 어느 자리에 매김하고 있는지를 일찍이 살펴보았어야 한다. 지금이라도 늦지 않았다고 생각하여 이에 관한 진술을 하고자 한다.

'다예(茶藝)'라는 말은 일본의 '다도'와 구별하기 위해 1970년 종반 대만에서 본격 부르게 된 명칭으로서, 차에 대한 지식과 기능을 행다(行茶)에 발휘한다는 개념이다. 이는 '일본 다도'의 수준을 능가한다는 함의를 지닌다. 여기서 '예(藝)'는 지식인으로서 갖춰야 할 소양(素養)을 말한다. 『소학(小學)』에서는 중국 주대(周代)에 행해지던 교양과목으로 예(禮)·악(樂)·사(射)·어(御)·서(書)·수(數)를 '육예(六藝)'라 하였다. 이들은 모두 군자를 지향하는 선비가 갖춰야 할 수양의 덕목들이었다. 따라서 '다예'라는 말의 '예(藝)' 개념에는 수양의 의미도 들어 있다.

다예(茶藝) 개념은 명말청초에 다향(茶鄕)인 광동성의 '공부차(工夫茶)'에서 유래했다고 한다. 명말청초에는 초제법(炒製法)의 발전과 더불어 복건성 무이암 반발효(산화)차의 유행에 따라 차 우림법과 다기들이 다양화되었다. 또 광동성 북부 조주(潮州)·산두(汕頭)에서는 '공부차(工夫茶)'라고 불리는 이른바 '조산다법'이 유행했다. 현재 공부차 우림법은 중국 국가비물질문화유산(무형문화재)이 되어 있다. 공부(工夫)란 '세밀하게 배우고 익힌다'는 뜻이다.

그런 점에서 '공부차'란 청대에 음다와 행다에 있어서 정밀한 지식, 기능, 예술성을 강조한 것이다. '일본 다도'가 차의 색·향·맛(味) 등 본질을 중시하기보다 행다의 격식과 질서를 존중하는 것에 비해 공부차는 차와 다구의 선택, 물 끓이기, 차 우리기, 차의 품평에 이르기까지 차의 본질 구현을 위해 정성을 다한다는 내용을 지닌다. 이러한 까닭에 '조주공부차' 또는 '조·산공부차' 양태가 바로 '중국 다예'의 원형이라고 할 수 있다.

다예의 이러한 특징과 차별성을 보여 주는 것이 다예(공부차)에서 사용되는 찻잔 '문향배(聞香杯)'이다. '문향(聞香)'이란 차향을 단순히 감각적으로 맡는 게(嗅) 아니라 차향을 마음으로 듣고 차향이 우주의 청신한 기운을 담아 전해 주는 기(氣)로서의 속성을 이해하고 인식한다는 기론(氣論)적 의미를 갖는다. 그런즉 '문향'이라는 말에도 기론적 수양의 의미가 들어 있다. 이렇게 보면 다예의 '예(藝)' 자는 앞의 '육예(六藝)'의 '예(藝)' 자와 마찬가지로 '예술'의 차원과 다른 지식 함양 및 수양의 의미가 들어 있고, 따라서 '다예'는 단순한 '차 우리는 기능'만이 아니라 수양론적 다

한국 茶의 진실

도의 요소를 지닌다고 할 수 있다.

한국의 '다례(茶禮)' 또는 '차례'라는 말은 제의(祭儀)에서 유래한 것으로, 봉건적 계급질서 유지를 강조한 조선 성리학의 잔재라고 할 수 있다. '예(禮)'는 공자가 '극기복례(克己復禮)'라고 한 말에서도 알 수 있듯이, 긍정적인 의미로서 개인의 자유보다 '사회적 질서'를 우선시하는 말로서, 개인적 감정이나 욕구를 억누르고 공적인 질서를 존중하자는 의미가 들어 있다.

성악설을 주장한 순자는 교육론 또는 수양법으로 예를 강조하였다. 공적 질서를 위해 외적인 강제로써 인간의 심성을 제어한다는 측면에서 집단적·전체주의적 성향이 들어 있는 게 유학의 '예' 개념이다. 한국 다례의 실행 모습에서 알 수 있듯이 '규방다례', '선비다례' 등이 모두 성리학을 통치이념으로 삼았던 조선시대의 계급질서 의식을 반영한 성리학적 행다 양식이다.

요즘 유행하는 한국의 다례는 앞서 설명한 최차란(崔且

蘭, 1926~2018)의 언급에서 알 수 있듯이 1970년대 말 한국 차인회가 결성되면서 각 가입 단체들이 자신들의 존재성 근거로서 각기 다른 형식으로 주장한 것들이다. 최차란은 도의 본질을 떠남으로써 '다도'가 아닌 형식 위주의 이런 행다 양식을 '다도가 아닌 다례'라고 부르도록 했고, 이후 한국 다례가 퍼지게 되었다고 말했다. 최차란의 주장에 따르면 다례는 다도의 한 부분일지언정 본질적인 다도는 아니라고 할 수 있다.

본질적이고 수양론적 다도의 원류는 한국 전통 차문화의 흐름 속에서 찾아볼 수 있다. 한재(寒齋) 이목(李穆)이 『다부』에서 주창한 '오심지차(吾心之茶)'는 물질적 차를 정신 차원의 차로 승화시킨 수양다도의 결정적 국면을 표현한 말로 일컬어지고 있다. 또 초의선사가 『동다송』 제60행의 주석에서 '採盡其妙 … 泡得其中'이라고 표현하여 규명한 '다도(茶道)'는 숭유억불 시대에 유가의 지배층인 홍현주에게 유가적 정서에 맞게 『중용』의 최고 이념인 '성(誠)'을 다도정신으로 깔고 설명한 것으로서, 이목의 '오심지차'와 함께 한국 수양다도의 정체성과 한국 다도정신을 잘

한국 茶의 진실

아울러 천명한 것으로 평가할 수 있다.

　'일본 다도'는 무가(武家)의 호화스런 서원차(書院茶)에서 시작되어 막부(幕府) 시기를 거치면서 불교의 수행(修習行道) 정신과 일본 전통 신도(神道)의 존숭(尊崇) 정서 및 예(禮)를 강조하는 유교적 가치관 등이 결합돼, '와비' 정신과 검박, 겸허를 좇는 초암차(草庵茶)로 발전돼 오면서 '화(和)·경(敬)·청(淸)·적(寂)'의 다도정신을 표방하는 '수양다도'의 성격을 지니게 되었다.

　그러나 일본 다도에서는 중국 공부차의 다예에서 보는 것과 같은 차의 본질에 충실하고자 하는 경향은 찾을 수는 없고, 차는 단지 다중 모임인 차회(茶會)를 열어 외형적 형식과 질서를 우선으로 하는 집단 접빈다례(接賓茶禮)에서 소도구의 하나로 이용되는 측면이 강하다. 이는 무신정권 시대 사무라이들의 거친 정서를 순화시키고 전국통일 과정의 혼돈된 질서를 정돈하는 데 다도(茶道)의 형식을 이용하고자 한 정치적 목적이 개입된 결과이기도 하다.

'일본다도의 정신'에 대해 센겐시쓰(天玄室)는 『일본다도의 정신』(박전열 번역)에서 오카쿠라 덴신이 쓴 『차의 책』에 실린 일본 다도의 성격에 대해 아래와 같이 말했다.

덴신은 "다도라는 것은 인간의 정신을 고양시켜서, 우주와의 신비적 조화를 이루게 하는 수단이다. 그것은 신비로운 종교라고 해도 좋다. 다도의 안에는 유교도, 불교도, 도교도 두루 포함되어 있다. 요컨대 동양정신이 모두 내포되어 있다."라고 요약하였다.[16]

센겐시쓰의 말로 미루어 볼 때 한·일 양국의 다도 실태는, 한국의 경우 원래 한재 이목 등 선현들이 개발해 준 본질적인 수양다도가 있으나 그 가치를 살려 내지 못하고 오늘날 정체불명의 '다례'에 빠져 있는 것이고, 일본은 불가의 정신을 계승하여 우주와의 신비적 조화를 이루게 하는 수단으로서 '일본 다도'를 개발했으나 그 본질적 의미를 살려 내지 못하고 정치적 목적이 개입되어 형식적인 '집단 접빈다례'에 치우치게 되었다고 할 수 있다.

16   센겐시쓰(天玄室) 지음, 박전열 번역, 『일본다도의 정신』, 211쪽.

즉, 한국은 동양사상 기론에 이론적 기반을 둔 수양론적 다도 본래의 '한국 수양다도'를 개발했으나 후대에 제대로 계승되지 않았고, 일본은 정리된 기론적 이론에 기반한 다도정신의 인식보다는 '우주와의 신비적 조화' 정도의 막연한 감각적 관념에 기반하여 '일본 다도'를 개발했으나 역시 정신 외적인 요소 쪽으로 초점이 빗나가게 되었다.

4. 『다부』에 제시된 '한국 수양다도' 및 『다부』의 차문화사적 가치

가. 『다부』의 한국 차문화사적 의의

'다도'가 『동다송』에서의 '다도' 규정처럼 '채다 – 제다 – 품천 –포다'의 방법론으로서 '다례'를 한 부분으로 포괄하는 개념이라고 할 때, 음다의 정신적 경지까지를 범주로 하는 '다도'는 차문화의 핵심이자 전부라고 할 수 있다. 이런 맥락에서 한국 최초의 다서이자 세계 유일의 다도 전문 문헌으로 평가되는 『다부』가 한국 차문화사에서 차지하는 자리와 영향력은 한국 차문화사의 향방을 좌우하는 요소라고 할 수 있다.

차와 차생활에 대한 이론 전개 및 다도 개념 인식은 원래 당대(唐代) 육우의 『다경』에서 비롯되어 한국과 일본에 유입되었기에, 고유의 다도 개념을 정립시키는 데 있어서 한국과 일본은 중국의 문사다도와 불가다도의 흐름에 각기 나름의 특색을 가미하여 정체성을 확립하는 일이 차문화사적 과제였다. 조선 전기 도학자(道學者) 한재 이목(寒齋 李穆)이 지은 『다부』는 한국 다도의 정체성 제시뿐만 아니라, 중국과 일본에서는 직접 또는 상세히 언급되지 않았던 다도의 사상적 의의와 수양론적 의미를 적확히 일깨워주었다는 점에서 평가받을 수 있다.

우선 『다부』는 한국 최초의 본격적 다서로서 '다도'의 본질인 수양론적 측면의 원리를 기론으로써 설명하여 한국 다도의 정체성을 제시하였다는 데 의미가 있다. 그뿐만 아니라 한국 차와 차문화사를 서양 과학의 이학적 관점에

한국 茶의 진실

서보다는 동양사상의 시각과 이론으로 봐야 한다는 점을 환기시켜 주고 있다. 한 · 중 · 일 3국의 차문화 비교 측면에서 보더라도 중국의 『다경』은 차이론 전반에 관한 진술로서 수양론적 다도에 관한 언급이 거의 없고, 일본 최초의 다서로서 '일본의 다조(茶祖)'로 불리는 에이사이(榮西) 선사가 1211년경에 쓴 『끽다양생기』는 차의 약용에 관한 진술이다.

정영선은 『다부』에 '다도 문헌'으로서의 의미를 크게 부여하면서 그 근거로 중국은 다서가 많으나 차문화의 철학과 사상을 논한 글은 드물어서 육우나 주희(朱熹, 1130~1200)의 단편적 글을 제외하고는 찾아보기 어렵다는 점을 들고 있다.[17] 『다부』 첫머리에 『다부』를 짓게 된 동기로 "차의 공이 가장 높은 데도 아직 칭송하는 이가 없음에랴. 현인을 내버려 두는 것과 같으니 또한 잘못이 아닌가. 이에 … 이를 부로 짓는다."[18]고 한 것은 이러한 정황을 말해 주고 있다.

---

17 정영선, 『한재 이목―다부』, 너럭바위, 2011, 9쪽.
18 況茶之功最高, 而未有頌之者 若廢賢焉 不亦謬乎? 於是… 爲之賦.

중국이나 일본에서는 물론 한국에 차가 도입된 신라 시대 이래 한재의 『다부』가 나온 조선 전기까지 한국 차 관련 기록들은 최치원이 쓴 「진감선사 비문」 중 진감선사의 행다 관련 구절을 제외하고 대개 음다(飲茶)의 기분에 관해 단편적이고 즉흥적으로 노래한 차시(茶詩)들이었다. 그 내용도 육우의 『다경』의 한 구절 또는 노동(盧仝)의 「칠완다가」 등 중국 자료를 인용하여 차에 관한 칭송이나 차를 마셨을 때 얻는 정신적 만족감을 나타내는 정도였다. 류건집은 『다부』의 다사적 의의에 대해 다음과 같이 평가하고 있다.

『다부』는 우리나라에 현전하는 가장 오래된 다서(茶書)로 『기다』보다 300여 년 빠르고 『다신전』보다 340여 년이나 앞서며, 한재 이목이 중국에 가서 직접 체험한 차생활을 바탕으로 쓴, 차의 심오한 경지를 노래한 작품이다.[19]

한국에서 『다부』 이후에 나온 다서(茶書)들의 내용과 비교하더라도 『다부』의 가치를 가늠할 수 있다. 『다부』가 발

19 류건집, 『茶賦 註解』, 이른아침, 2012, 48쪽.

한국 茶의 진실

견되기 전까지 '한국 최초의 다서(茶書)'로 알려져 왔던 기록물은 1755년에 이운해(李運海, 1710~?)가 쓴 『부풍향차보(扶風鄉茶譜)』이다. 『부풍향차보』는 약용차 제다(製茶)에 관한 기록이다. 이 책은 '제법(製法)' 항목에서 부안 현감으로 있던 저자가 고창 선운사 인근의 찻잎으로 만든 차에 7가지 향약[20]을 섞어 약용차를 만드는 방법을 주 내용으로 하고 있다.

그러나 『부풍향차보』에서 정작 순수한 차를 만드는 제다에 관한 내용은 '차본(茶本)' 항목에서 작설(雀舌) 및 차 마시기(飲茶)에 관한 언급과 함께 불과 몇 마디에 지나지 않는다. 『부풍향차보』는 기존의 차시(茶詩)들이 '차 마시기'에서 얻은 정신적 즐거움을 노래하는 추세 속에서 저술되었지만, 다법(茶法)과 관련해서는 "뜨겁게 마시라"는 조언만 있을 뿐이다. 또한 차를 약재 혼합품으로 만든 것은 차 문화사적으로 아직 차를 다도 개념과 관련하여 정신문화적 소재로 다루는 단계에는 이르지 못했음을 말해 준다. 이런 점에서 『다부』는 일찍이 차와 다도의 본질을 지향한

20   甘菊, 桂皮, 烏梅, 黃連, 香薷, 橘皮, 山査肉.

선구자적 자리를 차지한다고 할 수 있다.

  한국 차문화사에 있어서 『다부』의 공헌은 다도를 정신적 차원의 개념으로 승화시켜서 한국 다도에 수양론적 함의를 부여했다는 데서 찾아야 한다. 동양철학에서 도(道)는 곧 수양을 말하는 개념이고, 『다부』에서 다도의 의미를 정신적 차원으로 격상시켰다는 것은 차사(茶事) 또는 차 마시는 일을 기호(嗜好)의 차원에서 다도 본연의 수양의 일로 격상시켰다는 의미를 갖는다.

  『다부』의 핵심어는 '오심지차(吾心之茶)'이다. '오심지차(吾心之茶)'의 경지는 차를 마셔서 이르는 득도의 상태이다. 일상의 마음상태로부터 이러한 경지에 이르는 사이에는 '다도'라는 '수양'의 과정이 놓여 있다. 이를테면 『장자』의 「소요유(逍遙遊)」에서 척안(斥鷃)의 세계에서 대붕(大鵬)의 세계에 이르는 사이에 놓인 공간이 곧 '수양'이다.[21] 『다부』가 함의하는 다도 수양에서 척안과 대붕 사이의 경계를 뚫어주는 수양의 기제(機制)는 바로 차(茶)다.

21   정우진, 『감응의 철학』, 소나무, 2016, 312쪽.

나. '오심지차(吾心之茶)'의 수양론적 이해

　『다부』에서 수양의 의미는 '신동기이입묘(神動氣而入妙)'와 '오심지차(吾心之茶)'라는 말에 농축돼 있다. 한재는 『다부』와 함께 『허실생백부』를 지었는데, 이 둘의 의미 맥락으로 보면 『허실생백부』의 수양론적 메시지는 『다부』에서 '오심지차'라는 말에 구체화된다. '오심지차'의 의미를 드러내는 구절은 『다부』에서 '희이가왈(喜而歌曰)'부터 이후 끝까지이다.

흔연히 노래하노라(喜而歌曰) / 내가 세상에 태어남에 풍파가 모질기도 하다(我生世兮 風波惡) / 내 뜻을 양생에 둔다면 널(차) 두고 무엇을 구하랴(如志乎養生捨汝而何求) / 나는 늘 너를 지녀 마시고 너 또한 나를 따라 주유했지(我携爾飮 爾從我遊) / 꽃피는 아침 달뜨는 저녁 즐겁기만 하고 싫지가 않네(花朝月暮 樂且無斁) / 옆에 마음이 있어 삼가 말하네(傍有天君 懼然戒曰) / 삶은 죽음의 나무줄기(本)요 죽음은 삶의 뿌리(根)(生子死之本 死者生之根) / 안(마음)만을 다스리다가 밖(몸)이 시들어서(單治內而外凋) / 혜강은 양생론을 지어 어려운 실천을 하고자 했으나(嵇著論而蹈艱) / 어찌 같겠는가(曷若) / 지수에 빈 배를 띄우고(泛虛舟於智水) / 인산에 좋은 곡식 심는 것과(樹嘉穀於仁山)··· / 다신이 내 몸의 기운을 움직여 묘경에 들게 하니(神動氣而入妙) / 즐거움은 꾀하지 않아도 저절로 이를 것이네(樂不圖而自至) / 이것이 바로 '내 마음의 차'이니(是亦吾心之茶) / (기쁨을) 어찌 반드시 다른 것(彼)**22**에서만 구하랴(又何必求乎彼也)

윗글의 '희이가왈(喜而歌曰)'에서 '갈약(曷若)' 이전까지는 차의 수양론적 효용을 말하기 위한 전제를 깔고 있다. 이를 풀어서 이해하자면, '내가 세상에 태어나 모진 풍파에 고생을 겪어 심신의 양생이 필요하다. 그래서 늘 차를 지니고 다니며 즐겨 마신다. 그런데 천군(마음)을 옆에 두고 (마음속으로 깊이) 생각하자면 삶과 죽음은 나무의 줄기와 뿌리의 관계처럼 (기가) 순환하는 것이거늘, 안(마음)만 다스리다가 육체는 시들어서, 혜강은 안팎을 다 챙기는 '양생'에 치중했으나···'라는 뜻이 되겠다.

'생자사지본 사자생지근(生者死之本 死者生之根)'은 『도덕

---

22 차를 향과 맛 중심으로 감각적으로 즐기는 것(嗜茶)과 같은 것.

경』제16장의 '만물은 다시 그 뿌리로 돌아간다(萬物復歸其根)'의 의미와 상통하는 말로서, '氣의 취산(聚散)'으로 본 생사관에서 생사를 초월한 도(道)의 경지를 뜻한다. 이는 차를 마심으로써 그러한 도의 경지에 이르게 된다고 말하기 위한 전제로 보인다. 『도덕경』 제16장 첫머리는 '마음을 완전히 비우고 고요함만을 지킨다(致虛極 守靜篤)'는 말로써 '도의 경지'에 이르기 위한 조건을 제시하고 있다. 이는 곧 차의 공효이자 기(氣)의 원리에 입각한 다신(茶神)의 기능과 관련되는 대목이다.

'갈약(曷若)' 이후는 차를 마셔서 도달한 '마음의 이상적인 경지'를 말하고 있다. '빈 배를 지수에 띄우는 것(泛虛舟於智水)'과 '인산에 좋은 곡식을 심는 것(樹嘉穀於仁山)'은 『논어』 「옹야(雍也)」편에서 유래한 '지자요수(知者樂水)', '인자요산(仁者樂山)'의 의미와 상통한다. 이는 차를 마셔서 仁(禮)과 智(義)의 인간 본성을 존양·체인(體認)하는 경지에 이른다는 말이다. 지수에 '빈 배를 띄우는(泛虛舟)' 일은 지혜를 얻는 '마음 비움'의 상태를, 인산에 '가곡을 심는(樹嘉穀)' 일은 인(仁)을 존양함을 뜻한다.

다도수양에서 차를 마시는 일은 인(仁)·의(義)·예(禮)·지(智)의 본성(人道)을 존양하는 데에서 나아가 우주 자연의 원리에 합일하는 묘경(妙境, 天道)을 지향한다. 그런 묘경에 들게 되는 기제(機制)는 기(氣)의 발동이다. '신동기이입묘(神動氣而入妙)'는 앞에서 살펴본 것처럼 다신(茶神)이 '내 심신의 기'를 움직여서 신묘한 경지에 들게 한다는 뜻이므로 이때의 다신은 고도화된 자연의 기로서 茶에 들어있는 '神'이다. 차가 품고 있는 '자연의 기'는 『다부』 본론 첫머리에 '함천지지수기(含天地之秀氣)'로 표현돼 있다.

즉, 이 수기(秀氣)가 '다신(茶神)'으로서 내 마음의 탁기(濁氣)를 정화하고 발동시켜서(神動氣) 자의식과 분별심이 제거된 나(我 → 吾)의 마음(吾心)으로 하여금 우주의 기와 공명·감응하게 하는 작용, 그것이 곧 '묘경'에 들게 하는 것(入妙)이다. 이러한 상태에 이르는 과정은 기의 작용에 의한 주·객의 전일화(全一化)로서의 수양이다. 『관자』「심술하」에는 기의 수양기능과 관련하여 "경(敬)의 자세로써 생각을 흩뜨리지 않고 마음을 전일하고 한결같이 하면 정성스러운 기운이 들어와 신령한 힘을 발휘하게 한다."는 구절이 있다. 여기에서 '정성스런 기운'은 다도에 있어서 '다신'에 해당한다.

수양을 기의 매개 역할로 설명하는 것은 기의 전일성에 근거한다. 기(氣)의 전일성(全一性)이란 기가 정신과 물질, 개체와 전체를 관통함을 일컫는다. 세상 만물은 기의 전일성에 바탕하여 '개별성으로부터 전체성으로의 회복'을 도모한다. 다도수양의 효과는 전일성을 지향하는 기(茶神)의 역할이 좌우한다. 이러한 기의 전일성과 역할을 설명하는 대목이 『장자』 「지북유(知北遊)」 편에 보인다.

태어남은 죽음의 짝이요, 죽음은 태어남의 시작이다. 누가 그 기틀을 알겠는가? 사람의 생겨남은 기의 모임 때문이다. 기가 모이면 살고 흩어지면 죽는다. 생사가 짝이라면 내가 또 무엇을 근심하겠는가? 그러므로 만물은 하나이다. 그 아름다운 것은 신기한 것이고 그 추한 것은 썩은 내 나는 것이다. 썩은 내 나는 것은 다시 신기한 것이 되고 신기한 것은 다시 썩은 내 나는 것이 된다. 그러므로 말하기를 '천하를 통틀어 일기가 있을 뿐이다.'라고 한

다. 그러므로 성인은 하나를 귀히 여긴다.²³

세상에는 오직 하나의 기가 있을 뿐이다. 삶과 죽음 그리고 변화
는 모두 '기화(氣化)'로써 설명된다. 일기가 운행하는 세계는 신
(神)으로 공명하는 전일적 세계이다. '포정해우(庖丁解牛)'의 신
(神)은 마음의 분별상을 초월하는 직관과 지혜로서 '나'라는 개체
와 우주 자연을 전일적인 하나로 본다. 신으로 대하는 전일적 인
지가 가능한 까닭은 "주체와 객체를 아우르고, 세계를 관통하는
기(氣)"²⁴ 덕분이다.

'신동기이입묘(神動氣而入妙)'의 경지를 척안이 대붕의 세
계로 나아간 것에 비유하자면, 이때 척안이 대붕으로 화
(化)하는 것은 척안이 세계를 채우고 있는 일기와의 공
명·감응을 통해 일상적 개체에서 우주적 전체로 승화한
것이다. 기를 제어할 수 있는 것은 마음이다. 『맹자』「공손

---

23 生也死之徒, 死也生之始, 孰知其紀! 人之生, 氣之聚也, 聚則爲生, 散則爲死.
    若死生 爲徒, 吾又何患! 故萬物一也, 是其所美者爲神奇, 其所惡者爲臭腐. 臭
    腐復化爲神奇, 神奇復化爲臭腐. 故曰 通天下一氣耳. 聖人故貴一.

24 이성희, 『빈 중심의 아름다움: 장자의 심미적 실제관』, 한국학술정보,
    2008, 184쪽.

한국 茶의 진실

추장에 "지(志)는 기(氣)의 장수요 기는 몸을 채우는 것이다. 지가 이르면 기가 따른다."[25]고 했다. 여기에서 지(志)는 마음의 지향, 곧 마음의 활동이다. 척안이 대붕의 세계로 나아가는 길은 척안이 마음을 비우는 지(志)의 활동으로 허(虛)의 상태에서 우주의 기를 빈 마음에 받아들여 우주자연의 기에 공명시키는 것이다.

이런 원리에 따르면 '오심지차(吾心之茶)'의 경지는 『동다송』에 소개된 '독철왈신(獨啜曰神)'의 경지이자 솔거(率居)의 노송(老松) 그림에 새들이 찾아와 앉고자 하는 정경이며, 이는 또한 혜강(惠崗) 최한기(崔漢綺)가 말한 '신기통(神氣通)'의 경지라고 할 수 있다. 그것은 곧 우주생명의 역동적(力動的) 동시성(同時性)의 편재(遍在)가 드러나고[26] 이를 깨닫는 경지이다.

여기에서 '오심지차'에서 '오(吾)'의 의미를 수양론적 관

---

25 『孟子』「公孫丑上」: 夫志, 氣之帥也. 氣, 體之充也. 夫志至焉, 氣次焉.

26 스위스 의사이자 정신분석학자 칼 구스타프 융(Carl Gustav Jung, 1875~1961)은 이를 '동시성의 원리'라 하였다.

점에서 살펴볼 필요가 있다. 오(吾)의 개념은 '오상아(吾喪我)'의 '오'와 '아'의 대비에서 잘 나타난다. '오상아(吾喪我)'라는 말은 『장자(莊子)』「제물론(齊物論)」'남곽자기의 우화'에 나온다.

남곽자기가 궤에 기대앉아 있다가 하늘을 쳐다보고 숨을 내쉬었다. 놓여나서 짝을 잃은 듯하였다. 안성자유가 시중들고 있다가 말했다. "어째서입니까? 진정 몸을 마른 나무처럼 만들고 마음을 타 버린 재처럼 만들 수 있습니까? 지금 궤에 기대어 있는 사람은 이전에 궤에 기대어 있던 사람이 아닙니다." 자기가 말했다. "언아 참 좋구나, 너의 질문. 지금 나는 나를 잃어버렸다. 너는 그것을 알겠느냐?"**27**

여기에서 '오상아(吾喪我)'의 아(我)는 자의식이 있는 상대 세계의 나이고 오(吾)는 분별과 집착을 버린 절대 경지의 나다. 아(我)는 수양을 통해 자신을 비움으로써(喪我) 오(吾)의 경지에 오른다(吾喪我). '오상아(吾喪我)'는 남곽자기가 수

27   南郭子綦隱机而坐 仰天而噓 荅焉似喪其耦 顏成子游立侍乎前曰 何居乎 形固
      可使如 槁木 而心固可使如死灰乎 今之隱机者 非昔之隱机者也 子綦曰 偃 不
      亦善乎 而問之也 今者吾喪我 汝知之乎.

양을 통해 분별적 아집의 아(我)를 벗어나 절대자유의 오(吾)로 거듭난 상태이다. 그런 맥락에서 볼 때 '오심지차'는 '차를 통한 수양으로 절대적 경지에 든 나'의 정황을 상징하는 말이다. 이렇게 수양을 통해 자의식을 완전히 해소하고 자연의 일기(一氣)에 합류하는 일은 마음 비우기(心齋)로써 가능하다. 한재는 『다부』와 짝하여 『허실생백부』를 내놓았는데, 그 의도는 이런 연유를 설명하기 위한 것으로 보인다.

'갈약(曷若)' 이하의 구절이 묘사한 정경은 유가의 정좌(靜坐)에 비유될 수 있다. 이때 '범허주어지수 수가곡어인산(泛虛舟於智水 樹嘉穀於仁山)'에서 '범허주'와 '수가곡'은 각각 차를 마셔서 시간이 지나지 않은 미발(未發) 시 중(中)의 상태에서 존양(存養)함을 의미하고, '인산'과 '지수'는 존양의 대상인 인(仁)·예(禮)와 의(義)·지(智)의 성(性)을 뜻한다. 다음에 이어지는 '신동기이입묘(神動氣而入妙)'는 시간이 어느 정도 지나 다신(茶神)이 내 마음의 기(氣)를 움직여서 이발(已發)의 화(和)에 들어가게 됨을 말하고, '락부도이자지 시역오심지차(樂不圖而自至 是亦吾心之茶)'는 차로써 도달한 이발(已發) 시의 중절한 마음의 안락함을 나타낸다.

추사 김정희는 초의선사에게 다도수양을 함의하는 시구를 써 보냈다.

靜坐處茶半香初 妙用時水流花開
정좌 자리 차가 한창 익어 차향이 날 즈음 (마시니)
다신이 발동하여 우주 자연의 조화로운 아름다움을 깨닫게 한다.

'정좌처다반향초(靜坐處茶半香初)'는 다도수양에서 차를 마시기 직전 성(性)의 미발(未發) 상태이다. '묘용시(妙用時)'는 차를 마셔서 다신(茶神)이 우리 몸의 기(氣)를 자극하여 이발(已發)의 상황으로 전환시키는[28] 때이고, '수류화개(水流花開)'는 춘의(春意)가 발동되는 이발 묘경의 상태를 말한다. '오심지차'는 바로 '묘용시수류화개(妙用時水流花開)'의 경지이자 초의가 『동다송』에서 소개한 음다지법(飮茶之法)의 '독철왈신(獨啜曰神)'의 경지이다.

28 『다부』에서는 이를 '神動氣入妙'라고 표현했다.

한재는 사람들에게 수양을 권하기 위해 수양론의 이론
서로서 『허실생백부』를 썼고, 차를 매개로 한 수양의 실천
방법론으로서 『다부』를 쓴 것으로 보인다. 『허실생백부』에
서 수양의 원리는 '허실생백(虛室生白)', 곧 마음을 비워 그
곳을 채우는 우주의 기(氣)에 의하여 세상의 본연 또는 진
리와 공명 · 감응하는 것이다. 이때 마음을 비우는 데는
깊은 명상수양의 노력이 요구된다.

다도수양에서는 마음을 비우고 그 빈 마음에 우주의 기
를 채워 주는 일을 차, 즉 차의 향(香氣)과 맛(氣味) 등 차가
담지(擔持)한 우주 · 자연의 기(氣)인 다신(茶神)이 맡는다.
그럴 경우 차는 이미 바깥의 실물인 '물질'에서 마음의 요
소인 '정신'으로 기화(氣化)하여 작동한다. 그 마음속의 차
(茶神, 吾心之茶)가 내 심신의 기를 움직여 묘경에 들게 하니
29 그 묘경에서 득도의 즐거움은 힘들이지 않아도 (차의 도
움으로) 저절로 찾아드는 것이다.

---

29 「허실생백부」와 「다부」에 나오는 '神動氣入妙'는 『漢書』「敍傳上」에 나오는
    "精通靈而感 物兮, 神動氣而入微, 養遊睇而猿號兮, 李虎發而石開(마음의
    정기가 신령한 데 통하여 만물과 감응하나니! 마음의 정미함(정신)이
    (온몸의) 기를 움직여 미묘한 경지에 들게 한다. …)"를 인용한 것으로
    보인다.

이것이 다도수양론으로서의 '오심지차'의 의미이자 『다부』에서 말하는 '한국 수양다도'의 창발적(創發的) 원형이라고 할 수 있다. 한재의 '오심지차' 개념을 '한국 수양다도의 창발적 원형'이라고 하는 것은 자고로 차와 차에 의한 득도의 경지를 말하는 이는 많았으나 한국을 포함한 한·중·일 3국인 중 여느 누구도 한재처럼 동양사상 수양론의 기본 이론인 기론(氣論)에 바탕하여**30** 다도수양의 원리를 명쾌히 단언한 사람이 없다는 사실에 근거한다.

다. '오심지차(吾心之茶)'와 '허실생백(虛室生白)'

1631년 간행된 한재의 문집 『이평사집』에는 『다부』와 함께 『허실생백부(虛室生白賦)』가 실려 있다. '허실생백(虛室生白)'이라는 말은 『장자』 「인간세」에 나온다. 마음을 비우면 우주 자연의 진리를 보는 마음이 밝아진다는 의미로서 수양을 상징한다. 『허실생백부』 서문에 글 쓴 이유가 나와 있다.

---

30   「허실생백부」는 도가(장자)사상 기론에 입각한 수양의 원리를 싣고 있다.

유가에서 반드시 『장자』를 배척하는 것은 그 말이 괴이하기 때문이다. 간혹 괴이하지 않은 것이 있다면 성현(聖賢)께서도 틀림없이 버리지 않았을 것이다. … 「인간세」 편에 있는 '허실생백'의 설은 괴이하지 않다. 그 결론을 요약하자면 맹자가 말한 '호연지기(浩然之氣)'[31]나 주자가 말한 '허령불매(虛靈不昧)'[32]와 같다. … 대저 방이 텅 비면 순백할 수 있다. 순백해지는 것은 텅 빈 방이 그렇게 만드는 것이다. 이를 가지고 心의 바탕이 되는 본래 밝음을 형용함에 이보다 적절한 것은 없다. 이에 부를 지어 세세한 것에서 큰 것에 미치고, 분명한 것에 근거하여 은미한 것을 깨침으로써, 스스로 반성하려 한다. … 아마도 이른바 '미워하면서도 그 좋은 점을 아는' 유의 것이라고나 할까? 그 사(詞)에 말한다.[33]

『허실생백부』는 다도수양의 철학적 근거이자 '오심지차'의 의미와 원리에 대한 기론적 해설서라고 할 수 있다. '허실생백'은 『장자』의 심재(心齋) 상황을 설명하는 말이고, 심

---

31 천지 사이에 꽉 차 있는 지극히 크고 굳센 元氣 또는 사람의 마음에 가득 차 있는 지극히 장대한 기운.

32 朱子가 『大學章句』에서 明德을 설명하면서 한 말. 마음의 바탕인 性이 비어 있으면서 신령하여 어둡지 않다는 의미.

33 최영성, 『국역 한재집』, 도서출판문사철, 2012, 92쪽.

재는 기(氣)를 기반으로 하는 수양방법이다. 『허실생백부』
는 『다부』의 수양론이 동양사상 수양론 전반의 기제인 기
(氣)의 작동원리에 기반하고 있음을 보여 주는 동시에 '오
심지차' 역시 기(氣)와 신(神)의 차원으로 파악하기를 조언
하고 있다.

　『허실생백부』는 총 1,145자의 서론·본론·결론 형식
으로 이루어져 있다. 그런데 『장자』의 수양론 개념인 심재
(心齋), 좌망(坐忘), 오상아(吾喪我)를 놔두고 한재는 왜 '허실
생백'을 택했을까? 그것은 '허실생백'이 심재, 좌망, 오상
아라는 '마음 비우기'의 과정뿐만 아니라 결과까지를 말해
주기 때문일 것이다. '허실생백'은 『허실생백부』에서 앞부
분의 기(氣)에 대한 묘사에 이어 설명되면서 기의 작용에
의한 수양의 모습을 생생하게 보여 준다.

　'허실생백(虛室生白)'은 『장자(莊子)』 「인간세(人間世)」편에
서 공자와 안회의 심재(心齋)에 관한 문답에 나오는 말이
다. 여기에서 공자는 "기로 들으라."는 말로써 심재를 설
명한다. 감각(귀로 듣기)이나 인식(마음으로 듣기) 등 마음을

　한국 茶의 진실

채우고 있는 각종 분별심을 단절시켜 마음을 허(虛)하게
하는 것이 심재이고, 그 마음이 비워진 자리에 들어서는
것이 우주·자연의 기(氣)이다.

  기 자체는 비워져 있어서(虛室) 자타를 구별하는 의식이
없고 무엇이든 받아들인다(生白). 그런 상태가 또한 도(道)
이다. 그런 경지는 텅 빈 방에 햇빛이 비춰서 환히 밝아지
는 것(虛室生白)과 같다. "氣로 들으라."는 말은 마음을 비
운 상태에서 대상과 하나가 되어 '감응'하라는 것으로서
'허실생백'의 다른 표현이다. 또 '기로 듣는다'는 것은 수양
과 수양다도에서 기(氣)의 역할이 나와 대상(우주·자연 일
체)을 티끌 하나의 개입 없이 조화롭고 평화로운 전일화의
과정에 들게 함을 뜻한다. '허실생백'은 기(氣)에 의해 '우
주의 전일적 인지'에 도달한 상태가 '득도(得道)'이고 거기
에 이르는 과정이 '수양'임을 말해 준다.

  정영선은 "'허실생백'은 인간의 마음(心)과 하늘(天)의 도
심(道心)을 전제로 하여, 사람의 심체(心體)도 텅 빈 공간과
같이 비워서 잡념이 없고 고요해지면 '天'의 본심을 깨닫

게 되고 밝은 빛과 같은 진리를 얻을 수 있음을 말하고 있다."고 설명하고, '허실생백'을 위한 차의 기능에 대해서도 "허실생백은 그 요지가 오늘날의 마음 비우기이다. 근심을 없애고 잡념을 버리어 '神'을 '淸'하게 하는 데는 다음(茶飮)을 따를 것이 없음은 7세기의 설총 시대에도 이미 간파된 바이다."[34]라고 언급하고 있다.

『허실생백부』와 『다부』의 관계는 한재 수양론의 이론서와 수양 실천서라고 볼 수 있다. '허실생백'은 '오심지차'의 수양론적 원리이자 차의 수양론적 기제(機制)에 대한 설명이다. 『허실생백부』와 『다부』에는 같은 의미의 어구(語句)가 많이 나온다. 양쪽에 공통적으로 나오는 단어를 보면, 부운(浮雲)과 호연지기(浩然之氣), '소보와 허유'의 청덕(淸德), 무욕의 상징인 '거저(籧篨: 거적)', 그리고 마음을 뜻하는 '천군(天君)'과 하늘의 '창합(閶闔: 궁궐대문)' 등이 있다.

또한 『다부』의 제9장에 있는 도경(道境)을 나타낸 '신동기이입묘(神動氣而入妙)'의 구절은 『허실생백부』 제3장에도

---

34   정영선, 『한재 이목-다부』, 157~158쪽.

한국 茶의 진실

나오고, 청신(淸神)이 극치에 이르러 하늘의 '상제를 만난 것 같다'는 내용도 동일하다. 그리고 '천인무간(天人無間)'을 강조하였으며, '찻자리의 고요함'이 바로 '허실'을 만드는 자리임도 은유적 글로 나타냈다. 그리고 두 군데에서 중시되는 인물들을 보면, 요, 순, 공자, 맹자, 백이 · 숙제, 한유와 소보, 그리고 지자(智者) 등이다.

정통 유학관료였던 한재가 자신의 인식론 및 수양론에 노장사상을 인용한 이유는 앞에서 본 『허실생백부』병서(幷序)에 나와 있다. 박남식은 한재의 노 · 장 인용에 대해 "일반적으로 선비들의 노 · 장 수용은 정치경세적 측면의 수용과 인생의 수행 측면에서의 수용으로 나누어 볼 수 있다. 당시 상황으로 보아 정치경세적 측면의 사례보다는 유가적 출세에 의미를 두지 않거나 그 입지가 실현되지 못한 선비의 이차적 수용으로 출세 지향적인 욕구를 뛰어넘어 인생의 수행 방식으로 노장사상을 수용한 측면이 대부분이라 볼 수 있다."[35]고 말했다. 그러나 한재의 이러한 사상적 측면은 동양사상 삼교(三敎)의 대립 · 발전 과정에

---

35   박남식, 「한재 이목의 다도사상 연구」, 101쪽.

서 유·불·도 공히 기론을 도입한 결과의 반영이라고 할
수도 있다.

한재가 노장사상의 '허실생백'을 인용한 것은 「계사하
전」 제5장의 "천하에 무엇을 생각하며 무엇을 염려하느냐,
천하는 사람들이 걸어가는 길은 다르더라도 돌아갈 바는
결국 같고, 백 가지로 생각하더라도 극치에 이르는 도리
는 하나"[36]라는 구절의 의미에 비추어 볼 때, 한국 전통사
상의 특징인 유·도·불 삼교 융합회통의 면모를 말해 준
다고 하겠다.

유·도·불이 각각 현실·자연·초월에 초점을 둠으로
써 한국인의 삶과 정신세계를 채워 준다고 볼 때, 수양은
일탈된 현실에 기(氣)로써 자연성을 회복시키고, 우주자연
의 운화(運化)에서 궁극의 본래성을 확인하는 과정이라고
할 수 있겠다. 이때 기(氣)를 기반으로 하는 도가적 세계
관은 유·불을 잇는 다리가 되어 삼교융합 회통이 꾀해진
다. 이런 점에서 볼 때, 자연의 정수(精髓)라 할 수 있는 차

36   天下何思何慮, 天下同歸而殊塗, 一致而百慮.

의 다신(茶神)이 개재(介在)된 다도수양에서는 한국인의 전통사상인 삼교회통의 정신을 이어 주는 기의 역할이 중요하다. 한재가 『다부』의 '오심지차'와 맥락이 닿는 '허실생백'을 노래한 것도 그런 의미가 있다고 하겠다.

5. 『다부』와 『동다송』의 다도관 및 한국 수양다도

한국 차계에서는 한재를 '한국의 다선(茶仙)', 초의를 '한국의 다성(茶聖)'이라고 일컫는다. 한재는 『다부』에서 음다를 통해 이르게 된 신선의 경지를 말한 것으로, 초의는 『동다송』을 쓴 사실로써 평가받는 것으로 보인다. 그러나 초의 역시 '다도'에 관한 주제(홍현주의 다도에 관한 물음에 대한 답변서)로 『동다송』을 썼고, 따라서 『동다송』의 핵심 내용이자 결론은 제60행의 주석(註釋)에 있는 '평왈(評曰)' 이하의 '다도 규정'이라고 하겠다. 이렇듯 『다부』와 『동다송』이 '음다의 경지' 또는 '다도'에 관한 기술(記述)이므로, 한국 수양다도의 진면목을 살펴보는 데는 두 저자의 다도관을 비교 평가해 볼 필요가 있다.

우선 두 책의 저술 동기와 저작 형식을 보자. 『다부』는 정치 사회적으로 절박한 상황에서 마음의 안식과 궁극적 진리를 찾고자 했던 저자가 차에 대한 절실한 관심과 차로써 터득한 바에 따라 저술하였고, 『동다송』은 숭유억불의 엄혹한 이념적 상황에서 유가의 질문에 대한 답변서로서 선승이 성리학적 이념을 바탕으로 저술한 것이다. 두 저작의 형식을 보면, 『다부』가 부(賦)의 취지에 따라 기승전결 형식으로 차의 공능과 공덕에 대해 산문적·창의적으로 소상하게 설명하고 있고, 『동다송』은 송(頌)의 형식적 한계상 미비한 설명을 주석의 형태로 보완하고 있다. 두 저술은 글의 양도 비슷하고, 전반부의 대부분을 차의 신령함과 차의 덕성을 기리는 내용으로 채우고 있으며 결론을 '희이가왈(喜而歌曰)…'과 '평왈(評曰)'(『동다송』)로써 처리한 것도 같다.

이런 사실은 초의가 『동다송』 저술에 『다부』를 참고했음을 짐작케 한다. 그러나 한재와 초의의 다도에 대한 인식은 무척 다르다. 한재는 '다도'라는 말을 직접 사용하지는 않았으나 '신동기이입묘'와 '오심지차'라는 말로써 실질적으로 '수양다도'를 표방했다. 초의는 '다도'에 관한 홍현주의 질문 답변서로 『동다송』을 쓰면서 초고(草稿) 발문(跋文) 격인 '해거도인에게 올리는 글'에서는 "근자에 북산도인의 말씀을 들으니 다도에 대해 물으셨다더군요. 마침내 옛사람에게서 전해 오는 뜻에 따라 삼가 『동다행(東茶行)』 한 편을 지어 올립니다."[37]라고 하였다. 또 홍현주의 물음을 대신 전한 진도 목사 변지화가 『동다행』의 착오를 발견하고 개정을 요청하자, 개정본 발문에서는 "해거도인의 명을 받들어 짓다. 해거도인께서 차 만드는 일을 물으시므로, 마침내 삼가 『동다송』 한 편을 지어 답합니다."[38]라고 했다.

초의가 애초에 '동다행(東茶行)'이라 한 것은 '東의 茶 修行(동쪽의 차로써 하는 수행)'이라는 의미로서 '동차에 대한 칭송'과는 의미가 다르다. 나중에 행(行) 대신 송(頌) 자를 붙인 것은 글 형식이 頌이라는 것이지 내용이 '칭송'이라는 것은

---

37 上海居道人書. 近有北山道人承教 垂問茶道 遂依古人所傳之意 謹述東茶行一篇以進獻.

38 承海居道人命作. 海居道人 垂詰製茶之候 遂謹述東茶頌一篇以對 草衣沙門意恂.

아니다. 내용 중 '동국의 차에 대한 칭송'은 이덕리의 『동다기(東茶記)』를 인용한 제37행~제40행과 그 주석뿐이다. 이 대목은 위에 있는 『동다행』 저술 방법 '遂依人所傳之意 謹述 東茶行一篇'에 합당하고, 『동다행』 또는 『동다송』이라는 책 이름도 『동다기』를 참고했다고 볼 수 있겠다.

이런 맥락에서 보면 초의는 다도를 '차를 만들고 차탕을 내는 일'로 본 것 같다.[39] 즉 초의는 다도를 차를 마셔서 이르게 되는 정신적 경지의 문제로 인식하지는 못한 것이다. 초의가 『다신전』에서 『다록(茶錄)』 '다도(茶道)'[40] 항을 '다위(茶衛)'로 고쳐 표기한 것도 다도를 차가 이끌어 주는 정신적 고양의 문제로 보지 않고 단지 차를 만들고 저장하고 차탕을 낼 때의 주의사항 정도로 본 것이라고 할 수 있다.

그러나 초의의 다도에서 '차의 신묘함을 보전하고 차의 정기를 보전하여 좋은 물에 중정한 차탕을 우려내는' 목

---

[39] 초의는 『동다송』 제60행 주석에서 '評曰 採盡其妙 造盡其精 水得其盡 泡得 其中 體與神相和 健與靈相併 至此而茶道盡矣'라고 다도를 규정하였다.

[40] 『다록』의 '다도' 항에는 '造時精 藏時燥 泡時潔 至此而茶道盡矣'라 했다.

적을 생각할 때, 그것은 차의 공능을 최대한 살리자는 것이다. 또 『다부』에서처럼 『동다송』 전반부에서 차의 신령함을 강조한 것에 비추어 볼 때, 음다(飮茶)를 통해 심신에 이입된 다신(茶神)의 효능을 생각하게 한다. "다도라는 것은 인간의 정신을 고양시켜서, 우주와의 신비적 조화를 이루게 하는 수단이다."[41]라는 설명처럼, 심신에 이입된 다신은 기론에서 말하는 신의 작동 원리(神妙)에 따라 우리 심신의 氣를 최고도의 정신으로 고양시켜서 입자성 파동 에너지이자 우주 자연의 생명력인 神과 공명(共鳴)·동조(同調)하게 함으로써 자연합일의 경지에 이르게 한다.

이렇게 볼 때 초의의 다도에 있어서 정신적 자세를 한마디로 말하자면 채다에서 포다에 이르는 과정에서 최선(誠)을 다하라는 것이고, 이는 그 과정에서 성(誠)을 인식하고 체득하는 수양의 의미로 해석할 수 있다. 이것을 '과정의 다도' 또는 다산이 말한 '행사적 수양(行事的 修養)'이라고 할 때, 한재가 『다부』에서 말한 '오심지차(吾心之茶)'의 경지는 '경지의 다도', 즉 다산이 말한 '내성적 수양(內

---

41   센겐시쓰(千玄室) 지음, 박전열 번역, 『일본다도의 정신』, 211쪽.

省的 修養)'이라고 할 수 있다. 이 둘을 합친 '한국 수양다도'는 세계 여느 나라에도 없는 완벽한 수양다도라고 할 만하다.**42**

　　그렇다면 선승으로서 불가적 이상향을 지향하는 초의는 왜 다도의 궁극적 목적인 '경지'에 이르지 못하고 행사적 수양에 해당하는 '과정'만 말했으며, 한재는 왜 '과정'을 말하지 않고 '경지'만 언급했을까? 초의가 행사적 과정만 말한 것은 실학자로서 행사적 수양을 중시한 다산의 영향일 수 있다. 또 선승으로서 초의가 지향하는 경지란 '고(苦)·집(集)·멸(滅)·도(道)'의 '멸(滅)'이라는 불가사상의 경지이다. 사문난적 상황에서 유가지배층에 보내는 답변서에 경세(經世)를 중시하는 유가가 패륜 또는 허무(虛無)라고 비판하는 불가사상의 핵심적 내용을 담아 주장할 수는 없었기에 『다신전』 모사(模寫) 이후 자신이 실제로 체험한 채다에서 포다에 이르는 행사(行事)에서 답을 얻고자 했을 것이다.

42　『다부』의 '오심지차'의 다도정신을 자연합일이라고 볼 때, 『동다송』의 다도정신을 중정의 차탕을 이루어 내는 과정에 함의된 誠이라고 할 수 있다. 또 誠은 자연의 진실한 모습이니 '자연합일'과 '誠'은 동일한 한국 수양다도의 정신이라고 할 수 있다.

한국 茶의 진실

그리고 '경지'에 대한 언급은 『다신전』에서처럼 '음다지법'을 그대로 옮기는 것으로 대신했다. 초의가 『다신전』 모사(模寫)에서 '다신'의 의미를 터득하여 『동다송』에서 '다도'를 '다신의 구현 방법'으로 인식할 정도로 차와 다신의 공능에 대해 사유의 진전을 보였으면서도 막상 그 다신 구현의 최종 경지에 대해 직언하지 않은 것은 아쉬운 대목이다.

반면 한재는 도학자로서 자신의 학문적 배경과 수준, 당시의 정치 사회적 여건상 애초부터 '수양'이라는 문제에 깊은 관심을 가졌다고 봐야 한다. 그 결과 수양론의 초석인 기론 및 기론을 수양론으로 구체화시킨 『장자』의 수양론을 수양다도론으로 확장 활용하는 공적을 남겼다.

이로써 한국의 다도는 명확한 다도정신을 함유한 본질적인 수양다도로 창발(創發)되게 되었다. 이는 '다도' 및 이에 의한 '득도'라는 개념과 더불어 수양론적 다도를 발아시켰던 중국 차문화가 '다예'라는 기능적 양식으로 기울었고, 『끽다양생기』 저술에 따라 차를 약용하는 것으로 시작된 일본 차문화가 나중에 '우주와의 신비적 조화를 이루는 수단'으로서[43] '일본 다도'를 개발한 경우에 비추어 오늘날 우리(한국) 다도의 실제 모습에 깊은 성찰이 필요함을 말해 준다.

---

43   센겐시쓰(天玄室) 지음, 박전열 번역, 『일본다도의 정신』, 211쪽.

III
결론

한·중·일 3국 차문화 양태 구별은
한국 수양다도(修養茶道),
중국 다예(茶藝), 일본 다도(茶道) 로

『다부』는 한국 차계와 차학계에서 한국 최초의 다서이자 세계 유일의 다도전문서라고 일컬어지고 있고, 아직까지 이를 반론할 근거나 자료는 발견되지 않고 있다.[1] 『다부』가 한국 최초의 다서로서 결과적으로 한국 차문화의 핵심적 정체성을 '수양다도'로 규정한 것은 한·중·일 차

---

1 초의차 계승자임을 자처하는 박동춘 (사)동아시아차문화연구소 소장은 2022년 10월 28일 강진아트홀에서 열린 제6회 강진 차문화학술대회에서 "『다도』 이전에 다도를 노래한 다시가 많으므로 『다도』를 한국 최초의 다서나 다도전문서라고 하는 것은 잘못"이라고 주장했다. 그러나 그런 다시(茶詩)들은 음다후 기분을 단적으로 묘사한 시편(詩片)일 뿐 본격적으로 기론에 입각하여 음다의 경지를 묘사한 『다도』처럼 완전한 서권(書卷)은 아니다.

문화사에서 한국 차문화를 가장 본질적인 차문화로 자리 매김해 두었다는 의미를 갖는다.

『다부』의 수양다도 이론은 치밀하다. 한재는『다부』에서 '오심지차'라는 말로써 수양다도의 경지를 일러 주었고, '오심지차'의 수양론적 의미를 설명하는『허실생백부(虛室生白賦)』를 써서 유(儒)·불(佛)·도(道) 중 기론(氣論)을 맨 처음 도입한 도가사상의 수양론격인『장자』의 수양이론으로써 한국 수양다도의 '경지'를 보여 주었다. 또 한재 이후에 초의선사는『동다송』저술을 통해 '채다~포다'의 과정에 걸쳐서 행사적 수양을 실천하는 '과정의 다도'를 규정하여 한재의 '경지' 아래에 덧붙임으로써 '한국 차'를 보완하여 완성시켰다.

오늘날 국제 차계에서 한국 차문화의 양태는 '다례'로 받아들여지고 있다. '다례'는 1979년 한국 차인연합회 설립 이후 각 회원단체들이 존재감을 보이기 위해 행다의 형식을 위주로 하여 각기 다르게 새로 만든 것으로서, 행다의 정신적 메시지를 도외시하지 않는다면 수양다도의 행사적 과정의 일면이라고 할 수 있다. 이런 오늘날의 다례를 '과정의 다도'라고 한다면 이는 초의가 제시한 '채다 – 제다 – 포다'의 과정 중 '포다'에만 해당하는 것으로서, '채다 – 제다'의 과정에 접근하기 어려운 일반 대중의 차생활 한계를 반영하고 있다.

다만 문제는 여기에 한재가 제시한 '오심지차'의 '경지'가 생략돼 있다는 것이다. 또한 '다례'의 실제에서는 수양다도의 본질에 맞는 녹차 대신 산화 · 발효차류를 사용하는 등 '포다'로서도 한재가 구축한 '한국 수양다도'의 본질에서 멀어져 있다. 한국 차문화 현실의 이런 실정은 첨예의 물질화 · 양극화 · 반인간화의 오늘날 시대정신이 갈구하는 문화양태로서 한국 수양다도의 본질에 대해 깊이 성찰해야 하는 과제를 우리에게 안겨 주고 있다.[2]

여기서 한국의 차문화가 오늘날 수양론적 다도의 본질

---

2   제러미 리프킨은 『회복력 시대』(2022년 11월, 민음사)에서 "지구는 바이러스가 계속 출현하고 따뜻해지고 있으며, 진보의 시대에서 회복력 시대로, 자연에 적응해야 하는 야생으로 돌아가는 중이다."라고 설파하고 있다.

을 벗어나 '다례'라는 형식화된 일부 과정에 집착하게 된 원인을 성찰하여, 선현들이 동양사상 수양론의 뼈대(精髓)인 기론에 입각하여 계발해 준 '한국 수양다도'를 되살려 낼 필요성이 제기된다. 이는 현재 한국 전통차와 차문화가 심각한 정체성 위기에 처해 있다는 점에서 그 위기 타개책으로서도 시급히 해결해야 할 과제라고 할 수 있다. 그리하여 국제 차학계에서 한·중·일 삼국의 차문화 양태를 한국 수양다도, 중국 다예, 일본 다도로 분류하게 되기를 기대한다.

*이 글은 2022년 11월 30일 부산대학교 산업대학원 국제차산업문화전공학과 주최 '부국포럼─『다부』에 나타난 수양다도'의 주제발표문입니다.

2부

녹차 일관(一貫),
한국 전통차의 원형으로서
강진 다산차의 정체성

한재의 '수양다도' 제시에 이어 다산은 다도 수양의 소재로서 녹차의 중요성을 간파하여 독창적이고 다양한 제다법으로써 한국적 녹차의 품질과 형태를 구축했다.

다산의 구증구포는 우주의 생명에너지로서 녹차가 지닌 차의 본래성(本來性)을 오래 유지하는 단차(團茶)를 만들기 위한 창의적 발명이고, 삼증삼쇄는 세계 유일의 고급 연고 녹차를 탄생시킨, 세계 제다사와 차문화사에 큰 글씨로 기록되어야 하는 쾌거이다. 다산은 제자들로 하여금 '다신계'를 결성하도록 하여 '신(信)'이라는 다도정신으로써 제다 현장의 행사적(行事的) 수양 및 음다의 내성적(內省的) 수양을 실천하였다.

I
서론

1. 문제 제기

이 글의 목적은 현재 한국 차농업과 차산업이 겪고 있는 어려움을 이겨 내는 방법의 하나로 강진의 전통차와 야생차의 정체성 및 그 계승 방안을 탐구해 보자는 것이다. 이 시점에서 강진의 전통차와 야생차를 생각해 봐야 하는 이유는, 현재 한국 차농과 차산업이 처한 위기 상황의 본질적 요인을 한국 전통차와 전통 차문화의 정체성 상실이라고 볼 때, 강진 전통차와 야생차가 한국 전통 차문화의 한 축을 차지한다고 할 수 있기 때문이다.

전통차와 차산업 및 이를 받쳐 주는 문화로서 양자가 국제적 브랜드가 된 일본 그린티와 일본 다도의 관계를 보더라도, 전통 차문화는 차산업 진흥의 문화적 스토리텔링으로서 차에 대한 수준 높은 인식과 소비 기반 구축의 디딤돌이 되어야 한다는 당위성을 갖는다. 따라서 한국 차농과 차산업의 부진은 근본 요인이 한국 전통 차문화의 정체성 상실에 있다는 전제가 가능해진다.

오늘날 한국 차인과 차농가 대부분은 현재 한국의 차·차문화·차산업이 총체적 위기에 있음을 피부로 느낄 수 있을 것이다. 한국 전통차의 상징이라고 할 수 있는 녹차의 국내 시장 상황을 보면 심각한 정도를 알 수 있다. 2018년도 『식품유통연감』에 따르면, 전체 다류 대비 녹차의 비중은 1.2%에 불과했으며, 커피 대비 녹차의 비중은 0.7%에 불과했다. 그 이후의 사정도 1천 년 이상 존재 가치를 유지해 온 차문화의 실정이라고 믿기 어려울 정도다.

2022년 초에 한국 차생산자연합회가 한국 차자조회로 개편돼 차농가들 스스로 활로를 모색할 움직임을 보이고 있다. 또 농림축산식품부와 각 차산지 지자체에서 한국 차 진흥을 위한 각종 시책과 행사를 벌이고 있다. 그러나 그런 노력이 크게 성과를 내고 있다는 소식은 없다. 한국 차가 사경을 벗어나지 못하는 까닭이 무엇일까? 문제에 대한 잘못된 진단과 처방 때문은 아닌지 되돌아봐야 한다.

2023년에는 국비 43억 원 포함 총 147억 원의 예산으로 경남 하동에서 세계차엑스포가 열릴 예정이다. 이 행사에는 '세계'라는 말이 붙어 있지만 그 내용과 목적은 '하동차'라는 국지적 지역성 강조에 초점이 맞춰지고 있다. 또 각종 첨단 장비를 사용하여 하동차의 홍보에 중점을 둔다지만, 한국 차의 본질과 특성을 전통차의 정체성 확립 관점에서 설명하는 내용은 보이지 않는다.

최근에는 녹차로 대표되는 한국 차 침체의 대안으로 차 종류의 다양화를 비롯한 차의 기호성을 강조하는 경향도 보인다. 보성에서는 2022년 7월에 보성차문화연구회가 결성되었다. 이 모임 주축들은 2019년부터 보성차의 역사와 문화를 연구해 왔고, 뇌원차 복원에 관여했다. 이들은 뇌원차 연구용역 보고서인 『고려황제공차 – 보성뇌원차』에서 "녹차는 오래 보관이 힘들고 맛의 차이가 심해 널리 보급되기는 힘들다. … 발효차가 다시 주목을 받고 잎차뿐 아니라 덩이차 쪽으로도 소비자의 선택이 넓어지고 있다. 보성군도 이제 녹차 일변도에서 벗어나 차의 종류를 다양화할 필요가 있다."[1]고 하여 최근의 보이차 열풍에 편승하고자 하는 자세를 취하고 있다.

한편 대구 계명대 목요철학원에서는 2020년부터 3년 동안 매년 상·하반기에 차문화 학술심포지엄을 열고 있다. 이 심포지엄의 목적은 한국 차문화 정체성 확립이지만, 발표 수준이 다예·다례·다도를 구별하지 못하는 정도여서 주최 측이 한국 차문화의 정체성과 한·중·일 3국 차중 한국 차의 특성에 대해 더 명확히 규명해 달라는 추궁과 하소연을 하고 있는 실정이다.[2]

그렇다 하여 이제껏 구체적인 한국 전통차 관련 주장이

---

1   조기정 등 4인 저, 목포대 국제차문화·산업연구총서7 『고려황제공차–보성뇌원차』, 학연문화사, 2020, 376~377쪽.

2   계명대학교 목요철학원 목요철학 인문포럼 '2021 하반기 차문화 학술심포지엄' "한국 차문화의 대중화" 토론 – 목철TV 유튜브 동영상 자료.

전혀 없었던 것은 아니다. 이른바 '초의차' 계승 논쟁은 지금까지 계속되고 있다. 현재 한국 차계에는 초의차 계승자임을 자처하는 사람이 수 명에 이른다. 초의차 관련 전통식품명인 지정을 받은 사람이 있고, 초의 다맥 전수 입증서를 받았다고 주장하는 사람도 있다. 또 연례 초의차 학술대회도 열리고 있다. 그 영향으로 한국 차계에 초의차가 전통차이고 초의의 덖음잎차 제다법이 전통 제다법이라고 생각하는 사람이 적지 않다. 그럼에도 불구하고 학술적 차원에서 볼 때 초의차에서 한국 전통차의 정통적 정체성을 인지하기는 어렵다. '초의차'나 초의차 제다법이 별다른 차별성이나 한국적 전통의 유래를 갖는다는 근거가 약한 탓이다.

위와 같은 현상들은 일단 한국 차와 전통 차문화에 대한 학술적 인식의 정리가 미흡하거나 왜곡돼 있음을 보여준다. 이런 가운데 계명대학교 목요철학원의 '차문화 학술심포지엄'은 한국 차 위기의 원인을 한국 차문화의 정체성 상실로 보고 해결책을 찾고자 하는 것으로서 이 논문의 주제와 맥락을 같이한다. 그러나 계명대의 차문화학술

한국 茶의 진실

심포지엄이 지금까지 다섯 차례 열렸음에도 아직 기대했던 답을 찾지 못했다고 하는 것을 볼 때, 이 연구의 주제가 더 무겁게 느껴진다.

2. 선형연구 검토

이 논문의 연구 대상인 다산의 제다 및 다산차의 성격과 관련해서 깊이 있는 연구로는 유동훈(목포대학교 국제차문화·산업연구소)의 「다산 정약용의 고형차(固形茶) 제다법 고찰」 등 소수의 몇 편이 있다. 그 밖에 다산 제다의 특성 및 다산차의 독창성과 다양성에 대해서는 피상적 접근과 추론 외에 실증적으로 심층 분석한 자료는 찾아보기 어렵다. 또 다산의 제다와 다도정신을 결부시켜 강진차를 문화적·인문학적으로 다룬 논문 역시 찾아보기 어렵다.

이처럼 차를 다도라는 개념과 연계시켜 동양사상 기반의 문화양상으로 다루지 못하는 경향성은 차학계 전반의 고질적 문제이기도 하다. 다산차 관련 연구에서 발견되는 더 근본적인 문제는 연구자들이 다산 제다의 취지와 내용을 제대로 파악하지 못하고 다산차의 내적 구조와 외형(團茶-내적 구조, 餠茶-외형, 茶餠-내적 구조 및 외형)을 혼동하고 있다는 것이다.

예컨대 정민은 제2회 강진 차문화학술대회(《다신계와 강진의 차문화》)(2017년 9월) 주제발표문 「다산과 강진의 차문화」에서 "다산이 제다에서 증포, 증쇄, 배쇄 등의 여러 표현을 썼다. 표현의 차이는 떡차와 산차의 제다법 구분과 무관하다. 떡차에도 증쇄나 배쇄의 표현을 썼다."면서 다산차는 떡차가 기본이고 초의차도 똑같다고 주장했다. 당대(唐代)에 찻잎을 쪄서 찧어 만든 떡차와 다산의 구증구포 단차(團茶), 배(焙, 日曬) 잎차, 삼증삼쇄(三蒸三曬) 연고차를 구별하지 못하거나 구별할 생각을 하지 않고 다산의 차를 일률적으로 떡차(餠茶)라고 단정하고 있다.

이현정은 제4회 강진 차문화학술대회(「백운동과 차문화」)(2019년 8월) 주제발표문 「백운옥판차의 역사와 미래가치 고찰」에서 병차(餠茶)와 다산이 이시헌에게 만들도록 한

삼증삼쇄(三蒸三曬) 차병(茶餅)을 구별하지 않았다. 그는 다
산의 구증구포 제다를 언급하면서 자신의 박사 학위 논문
인「한국 전통 제다법에 대한 융복합연구」의 차 성분 분석
결과를 적용하여 다산의 삼증삼쇄는 구증구포의 번거로
움을 덜기 위한 것이라고 했다.

　　그러나 이현정이 위 논문에서 구증구포(九蒸九曝)[3]라고
한 것은 덖음제다까지 포함한 산차(散茶) 제다 과정을 두
고 말한 것이어서 이를 다산의 순수 증제(蒸製) 단차(團茶)
제다법인 구증구포와 연결하는 것은 정합성이 떨어진다.
다산이 말한 구증구포에 대한 오해가 삼증삼쇄의 정밀한
이해 부족으로 이어지고, 이런 삼증삼쇄의 해석으로써 다
산 차병 제다 연유에 집중하기보다는 다산의 차병(茶餅)을
당대(唐代)의 병차(餅茶)와 같은 차류라고 생각한 것[4]으로
보인다.

3　구증구포(九蒸九曝)의 포(曝)는 뜨겁고 센 바람에 말린다는 의미로서
　　그늘이나 연한 햇볕에 말리는 쇄(曬)와 구별된다.
4　당대의 병차(餅茶)는 찌고 절구에 찧고 틀에 넣어 치고 불에 쬐어, 꿰미에
　　꿰고, 봉하고… 하여 만들었다(晴, 採之, 蒸之, 搗之, 拍之, 焙之, 穿之, 封
　　之, 茶之乾矣. -「다경」'三之造(차 만들기)'). 다산의 삼증삼쇄 차병(茶餅)은
　　삼증삼쇄하여 곱게 갈아 물에 괴여 떡으로 만든 고급 연고차였다.

박희준은 제5회 강진 차문화학술대회(《다산과 강진의 차문화》)(2021년 11월) 주제발표문 「강진의 차산지와 보림차에 관한 고찰」에서 "만든 형태에 따라 덩이 형태로 만들어진 단차(團茶), 용단, 봉단의 둥근 형태인 병차(餠茶)와 네모진 벽돌형으로 만들어진 전차(塼茶)가 있었으며…"라고 하여, 단차(團茶)와 병차(餠茶) 또는 전차(塼茶), 즉 차의 내부 구조 모양을 보고 일컫는 차 이름[5]인 단차(團茶)와 외형을 보고 일컫는 병차(餠茶) 및 전차(塼茶)를 구별하지 못하고 있다.

또 『강진 야생수제 정차(떡차) 브랜드 개발 사업 연구용역 보고서』(2019~2020, 남부대학교 산학협력단)는 "한국 고유의 고형차(긴압차)"라 하여 고형차와 긴압차의 구별을 하지 못했고, 청태전 · 보이차 · 고려단차를 모두 떡차 또는 발효차류로 분류하여 제다의 이론 및 제다에서 결정되는

---

5   단(團) 자는 모인다는 뜻이어서 단차(團茶)는 절구에 찧지 않은 엽차(葉茶)를 긴압한 것이라고 해야 한다. 즉 단차(團茶)는 개별적인 잎차들이 잎 형태를 유지하면서 긴압된 상태의 내부 구조를 일컫는 이름이다. 예컨대 보이차가 단차이다. 보이차를 떡차라고 하는 것은 외부 형태를 일컫는 것이다. 전차(塼茶)도 벽돌처럼 생긴 외부 형태를 보고 부른 이름이다. 전차(塼茶)의 내부 구조는 단차(團茶)이거나 당대의 떡차와 같은 것일 수도 있다.

한국 茶의 진실

차 성분 구성에 따른 차종류 분류 기준을 이해하지 못하고 있다. 또 강진 정차(떡차)를 녹차와 발효차가 아닌 다른 차인 것처럼 설정하면서도 그 차의 성분상 종류는 밝히지 않았다.

더 심각한 문제는 「강진차 성분분석 결과」(보고서 53쪽 ~54쪽)에서 차종류를 녹차, 발효차, 단차로 구분하고, 카테킨과 총아미노산 성분이 녹차 → 발효차 → 단차의 순서로, 아미노산의 일종인 데아닌은 녹차 → 단차 → 발효차의 순서로 각각 높아진다고 했다. 이는 차학 이론 및 제다법과 차 종류에 따른 차 성분 분석과는 거의 정반대의 결과이다.

이런 오류들은 연구자들이 실제 현장 제다 체험이 없거나 한국 제다사를 면밀한 학술적 시각으로 관찰하지 않았고, 다산 제다법과 다산차 이름에 나오는 한자어를 관행적으로 중국 제다법 및 차 형태로 간주하여 경시한 데 따른 것으로 보인다. 다산의 제다와 차에 관한 연구에서 이런 오류들이 많은 것은 지금까지 다산차로 상징되는 강진 전통차에 대한 연구가 본 궤도에서 상당히 멀어져 있음을 보여 준다고 할 수 있다.

그 영향은 초의차에 대한 편향적 강조로 다산차가 묻혀 버린 한국 제다사와 차문화사의 왜곡 현상 고착화로 귀결된다. 특히 연례적으로 열리는 강진 차문화학술대회 주제발표문에서 위와 같은 오류가 빈번히 눈에 띄는 것은 강진 차문화학술대회뿐만 아니라 유사한 학술대회의 생산적인 지속 가능성을 위해서라도 학구적으로 면밀히 검토·지적되어야 할 필요가 있다.

3. 연구 방법

「걸명소」와 「다신계절목」 등 다산의 강진에서의 차생활 관련 시문 및 서책의 기록, 「남차병서」와 「남차시병서」 등 다산에게서 차를 배운 것으로 알려진 초의의 차에 관한 기록, 『부풍향차보』와 『기다(記茶)』 등 한국 제다사 관련 기록들을 야생다원 현장에서 지속해 온 연구자의 전통차(야생차) 제다 체험에 입각하여 분석하였고, '다산 차병(茶山茶餠)'은 실제 실험 제다하였다. 연구에서 역점을 둔 것은 기존의 한국 제다사와 차문화사 고찰에서 피상적인 관찰로써 간과했거나 사실 왜곡, 본말전도 등의 비학술적 요인에 의해 묻히거나 왜곡된 측면을 밝히는 것이었다.

특히 이 연구를 통해 지금까지 한국 제다사에서 거론되지 않은 다산 제다법의 독창성과 다산차의 특성 및 다양성을 구명(究明)하고자 했다. 또 이 글에서 '차'라고 함은 단지 물질로서의 찻잎이나 차탕만을 일컫는 게 아니라 차가 우리 삶 속에서 갖는 모든 관계적 범주까지 포괄한 독특하고 종합적인 문화양상으로서의 차, 즉 '차문화'의 개념으로 일컬어질 때 차의 가치와 차별적 의미를 갖게 된다는 점을 전제로 했다.

Ⅱ
본론

1. 차별성 측면에서 본 강진 전통차의 의미

차에는 다른 식음료에는 없는 '다도(茶道)'라는 특유의
문화양상이 수반되고 있다. 다도의 개념은 육우가 『다
경』을 지은 당나라 때부터 발의돼 지금까지 차와 더불어
한·중·일 삼국의 중요한 전통문화[1]의 한 양상으로 자리
매김돼 왔다. 따라서 전통차라고 할 때 우리는 차가 단순
한 기호식품 차원을 넘어 조상들의 일상적 삶과 정신세계
에서 수행한 역할과 기능, 그것이 우리의 세대에서 어떻
게 시대적 가치로 구현되고 있으며, 미래 세대에 어떤 모
습으로 이어질 것인가를 문화적 화두로 삼아야 한다. 즉
전통차는 조상들의 삶 속에서 창발(創發)된 문화복합체로

---

1   문명과 문화의 관계는 '문(文: 꾸미다) → 문식(文飾: 꾸며서 장식함) →
    문명(文明: 꾸밈의 축적) → 문화(文化: 문명 속 삶의 무늬)'의 과정으로
    발전돼 왔다.

서 후대의 삶에 대대로 이어져 온 차와 차문화를 말한다.

강진의 전통차란 지역적으로 강진에서 선현들의 창의 정신으로 꾸려져 온 차와 차문화를 아우르는 개념이다. 여기에는 조선 후기 현철한 실학자이자 창의적 발명가로서 다산이란 인물이 중심축으로 있다. 또 강진 전통차를 '강진 야생차'라는 개념으로 대치시키는 경우도 있다. 강진 야생차란 다산이 제다와 차생활에 썼던 원료로서 찻잎의 순수성을 강조하는 말이자, 재배차가 주류인 오늘날 차로써 식음료의 자연친화성을 상징하는 말이기도 하다.

따라서 강진 전통차라는 말에는 마땅히 찻잎의 원료로서 순수성인 야생차라는 개념이 포함돼 있다고 할 수 있으므로, 강진 야생차는 곧 강진 전통차의 다른 이름이라고 할 수 있다. 또 다산(茶山)이라는 한자어 말뜻은 '차가 많은 산'이므로 산에서 나는 강진 야생차를 상징한다. 이런 개념을 정리하자면 '다산차 = 강진 전통차 = 강진 야생차'라는 등식으로 표현할 수 있겠다.

강진 전통차와 야생차를 분리해 생각할 수 없는 이유로 다음 몇 가지를 생각해 볼 수 있다.

첫째, 다산이 다산초당으로 거처를 옮기면서 아예 호를 다산(茶山)이라 지은 것은 다산초당이 있는 산에 야생차가 많았기 때문일 것이다. 다산이 다산초당에서 야생찻잎을 원료로 삼아 전통차를 빚었다는 사실은 '다산 – 초당 – 야생차'라는 말을 한 묶음으로 하여 19세기 조선 후기 차에 대입한 자연친화적 인문(人文)의 상징이라고 할 수 있다. 실학자 다산의 눈에 이런 야생차 군락의 풍성함과 차로서의 순수함이 돋보였기에 다산은 하필 자신의 호를 다산이라 했을 개연성이 높다.

둘째, 농사 또는 산업의 측면에서 볼 때 전통 차의 '전통'이라는 말 속에는 농사일에 있어서 인공 화학비료와 농약이 없었던 조선시대 자연 농산(農産)의 순수성을 지칭하는 말이어서 차의 경우 이는 곧 '야생차', 즉 '전통차=야생차'라는 말과 동의어라고 할 수 있다.

셋째, 강진 전통차는 강진의 야생차와 실학자이자 유배객으로서 차에 의한 심신 건강을 기하고자 했던 다산의 창의성이 결합된 독특한 문화융복합체로서의 차별성을 지닌다. 이때 중요한 요소는 자연의 활성 에너지로서 야생차의 다신(茶神)이라고 할 수 있다.

2. 계승의 차원에서 본 전통 차문화와 강진 전통차

사전적 의미의 전통(傳統)은 예로부터 전해져 내려오는 문화나 유습(遺習)을 말한다. 그러나 문화나 유습은 시대적 요청에 따라 생겨나고 시대의 진전에 따라 변화·발전하므로 한때의 전통이 언제나 고정 틀에 묶인 채로 계승되거나 계승되어야 한다고 할 수는 없다. 즉 계승이란 문제와 관련하여 전통을 생각할 때, 계승할 만한 전통이란 다양하고 유사한 계통 중에서도 시대적 요구에 맞게 가치가 발현되는 바른 계통, 즉 '정통(正統)의 계승'이어야 한다. 따라서 전통차 또는 전통 차문화란 전해 내려오는 차 관련 문화적 내용이나 양상을 오늘날의 시대적 가치와 정

신에 맞게 얼마나 생생하게 재현해 낼 수 있느냐의 문제
라고 할 수 있다.

이런 맥락에서 먼저 전통차와 전통 차문화의 관계를 생
각해 보자. 대체로 차라고 할 때 차는 차나무 잎으로 만들
어 낸(제다한) 완제품으로서 물질적인 차 또는 그것을 우려
낸 차탕을 말한다. 그러나 차나 차탕은 완상품(玩賞品) 또
는 단순한 기호음료 역할에 그치는 것이 아니라 그것을
마시는 이로 하여금 다도의 지향처인 정신적 고양의 경지
에 닿게 함으로써 소임이 완수된다고 할 수 있다.

특히 차는 당대(唐代) 육우가 『다경』을 쓴 무렵부터 일찍
이 다도(茶道)라는 각별한 문화양상을 수반해 왔고[2], 노동
의 「칠완다가」를 전범(典範)으로 하여 한재 이목의 『다부』와
초의의 『동다송』에 이르기까지 차의 덕성을 빌려 차가 발
휘하는 다도 수양론적 기능이 강조돼 왔다. 다산 역시 「걸

---

2   봉연은 「봉씨견문기」에서 '다도'라는 말을 도입했고, 교연은 시 「삼음
    다가(三飮茶歌)」에서 음다(飮茶)에 의한 득도의 개념을 표현했다.

한국 茶의 진실

명소_3에서 차를 약용으로 겸한다는 말과 함께 수양의 매체로 활용하고 있음을 내비쳤다.

이처럼 차와 차문화는 불가분의 관계로서 차는 차문화 범주의 한 요소라고 할 수 있다. 이런 맥락에서 볼 때 전통은 계승할 만한 가치에 초점이 맞춰져야 하고, 전통차는 마땅히 다도라는 문화적 가치가 동반되어 계승되어야 하는 차라고 할 수 있다. 즉, 전통차란 차 완제품이나 차탕만이 아니라 차를 만들고 마시는 절차 · 행위 · 목적 등에서 나타나는 일련의 현상과 결과물을 아울러서 차문화라는 이름으로 계승되는 문화 종합체여야 한다.

따라서 강진 전통차 역시 전통 차문화의 범주에 속하는 개념이어야 하고, 강진 전통차는 필수적으로 수반되는 일련의 강진적 전통 차문화와 함께 거론되어야 한다. 이런 의미로써 강진 전통차를 살펴볼 때는 단순히 강진 전통차의 단일한 완제차 제품이나 외형뿐만 아니라 강진 전통차

---

3   旅人 / 近作茶鑵 / 兼充藥餌 / 書中妙解 / 全通陸羽之三篇 / 病裏雄蠶 /
    遂竭盧仝之七椀 … 朝華始起/浮雲晶晶乎晴天/午睡初醒/明月離離乎碧澗…

의 기원과 자연·인문·역사적 환경, 제다법, 차의 종류
와 특성, 다도 및 다도정신, 전통차를 인문의 장에 있게
한 중심인물의 성격 등을 종합적으로 다루어야 한다.

이런 기준으로 볼 때, 기록상 강진 전통차는 유배객 다
산에 의해 다산초당에서 다산의 야생차를 원료로 한 제다
및 차의 종류와 품질, 그런 차를 제다한 다산의 차 이념
등 다양한 관련 차문화 양태들이 정립된 복합 문화체이
고, 다산 해배 후에도 다신계라는 전무후무한 차 중심 모
임을 기반으로 다산이 차로써 제자들과 소통하여 명맥이
유지되었다는 점, 그런 맥락에서 오늘날에도 그 계승적
가치가 논의되고 있다는 점에서 강진 전통차는 다른 필적
할 만한 대상이 없는 야생차 기반의 한국 전통차와 전통
차문화의 정통이자 원형이라고 할 수 있겠다.

3. 한국 전통차의 원형으로서 강진 전통차의 정통성

가. 중국 제다사와 한국 제다사 비교

차문화를 구성하는 제다법, 차종류, 음다법, 다기의 특성, 다도정신 등 제반 요소들은 제다발전사와 거의 동일한 궤적을 그려 왔다. 강진 전통차의 전통성과 정통성을 파악하는 데는 중국 제다사와 한국 제다사를 비교해 봄으로써 강진 전통차가 어느 위치에 있는지를 살펴보는 것이 실증적이고 과학적인 방법일 것이다. 먼저 중국 제다사와 한국 제다사 및 각각 그것에 동반 포괄된 차 종류 및 음다법 등 제반 요소를 표로 나타내면 다음과 같다.

[중국 제다사]

시대 구분	당(唐)		송(宋)		명(明)·청(淸)
제다법	生茶, 蒸製	蒸—焙—研(膏)	蒸—壓(膏)—乾—研(膏)	蒸 — 榨(자)—研(膏) →造茶—過黃	炒製(炒焙) (산화후 炒焙)
차종류	餅茶	초기 연고차 茶餅	중기 연고차 茶餅	후기 연고차 茶餅	잎차(散茶) *炒焙 靑茶
음다법	煮茶法,煎茶法	點茶法	點茶法	點茶法	泡茶法
다기	(월주요) 靑磁	黑磁	黑磁	黑磁	白磁
근거	『茶經』 (陸羽)	『畵墁錄』 (북송張舜民)	『大觀茶論』 (북송 휘종)	『北苑別錄』 (남송, 趙汝礪)	『茶錄』 (명, 張原)

[한국 제다사]

시대 / 구분	신라	고려	조선					
제다법			생배	증배	구증구포	焙, 蒸焙	三蒸三曬	炒焙
차형태 · 종류	중국 餠茶 (녹차 →산화차)	뇌원차 등 餠茶, 茶餠 (연고차)	부풍향차 (餠茶)	散茶 (종이포장)	團茶 (내부구조) – 餠茶 (외형)	葉茶 餠茶	茶山 茶餠 (연고차)	散茶
음다법	煎茶法	전다법 (點茶法)	(전다법)	(포다법)	전다법 (보림백모– 전다박사)	포다법, 전다법	(점다법)	포다법
다기		청자		(백자)	(백자, 청자)	(백자)	(백자)	(백자, 옹기)
근거	쌍계사 진감국 사비	고려사	『扶風鄕茶譜』 李運海	『記茶』 李德履	이유원의 시 「죽로차」	「다신 계절목」	다산의 편지	『동다송』
연대			1757	1783	1808~1819	1819~	1830~	1837

표를 보면, 중국 제다사에서 제다법과 그에 따른 차의
형태는 대체로 증제(蒸製) 떡차(餠茶)(唐) → 蒸焙(蒸製) 硏膏
茶(宋) → 초배(炒焙) 잎차(明)의 형태로 발전돼 왔으며, 차

종류는 모두 녹차를 지향하였고(명말청초에 산화차류가 나오면서 차의 기호화 경향 발생), 음다법은 자다법(煮茶法) → 전다법(煎茶法) → 점다법(點茶法) → 포다법(泡茶法) 순으로 발전돼 왔다. 이에 비해 한국 제다사는, 신라시대에는 음다에 관한 기록만 있어서 이것으로 당시 차 종류와 음다법을 추론할 수 있다. 대표적인 예로 최치원이 쓴 「쌍계사 진감국사비문」에,

한명(漢茗, 중국차)을 공양으로 바치는 자가 있으면 땔나무로 돌가마솥에 불을 지피고 가루로 만들지 않고 그대로 끓이면서 말하기를 '나는 맛이 어떤지 분별하지 못한다. 다만 이 차로 배 속을 적실 따름이다.'라고 말하였다. 참된 것을 지키고 속된 것을 싫어함이 모두 이와 같았다.

라는 기록에서 중국 떡차를 전다법으로 음용한 것임을 알 수 있다. 고려시대엔 뇌원차 등 몇 가지 차류의 이름이 나오고 다시(茶時) 제도를 운영하였으며, 팔관회와 연등회 등 국가적 불교 행사에서 차를 썼다는 기록은 있으나 그 차들의 종류, 품질, 형태, 제다법 등에 관한 기록은 없다.

한국 제다사와 차문화사는 뚜렷하고 다양한 관련 기록
이 나타난 조선시대에 들어와서 본격 전개되었다고 할 수
있다. 한국 최초의 제다 기록은 1757년 부안현감 이운해
(李運海)가 쓴 『부풍향차보(扶風鄕茶譜)』이다. 이 기록 '차본
(茶本)' 항에 "採嫩牙 搗作餠 並得火良(어린 싹을 채취하여 짓
찧어 떡을 만들고, 불에 잘 말린다)"라는 말이 나온다. 이는 생
잎을 찧어 차병을 만들기까지 생잎 상태로 카테킨 산화가
어느 정도 진전된 것을 불에 말린 생배법(生焙法, 산화차) 제
다라 할 수 있다.

이어 26년 뒤인 1783년 이덕리(李德履)는 『기다(記茶)』를
써서 '다사(茶事)' 항에서 이전에(당대에) 유행했던 떡차의
문제점을 지적하고 노동의 시를 빌어 엽차(녹차)의 효능을
강조함으로써 차의 본질과 과학적 이론에 입각한 본격적
인 제다론을 피력하였다.[4] 또 '다조(茶條)' 항에서는 찻잎을

---

4 "옛사람은 '먹빛은 검어야 하고, 차 빛깔은 희어야 한다.'고 했다. 색이
   흰 것은 모두 떡차에 향약(香藥)을 넣고 만든 것이다. 월토(月兔)니
   용봉단(龍鳳團)이니 하는 따위가 이것이다. 송나라 때 제현이 노래한 것은
   모두 떡차다. 하지만 옥천자 노동의 「칠완다가」의 차는 엽차다. 엽차의
   효능은 대단했다. 떡차는 맛과 향이 더 나은 데 지나지 않았다. 또 앞쪽의
   정위와 뒤쪽의 채양이 이 때문에 나무람을 받았다. 그럴진대 굳이 그

한국 茶의 진실

찌고 불에 쬐어 말리는 방법(蒸焙法) 및 "일본 종이를 사 와
서 포장하여 도회지로 나누어 보낸다."고 하여 최초로 증
배 제다에 의한 산차(散茶)로서 엽차(葉茶) 또는 단차(團茶)
의 종이포장법을 소개하였다. 이는 뒤에 초의가 초배(炒
焙) 단차(團茶)를 대나무 껍질로 포장한 것[5]보다 50여 년 앞
선 선진 포장법이었다.

이제 한국 제다사는 『부풍향차보(扶風鄉茶譜)』의 생배법
(生焙法) 향차(鄉茶) 제다와 『기다(記茶)』의 증배법(蒸焙法) 산
차(散茶, 녹차) 또는 단차(團茶) 제다의 기록을 디딤돌로 하
여 다산의 세 단계 제다인 ① 다산초당 시절 구증구포(九蒸
九曝) 단차(團茶) 제다 → ② 해배후 '다신계' 중심의 제다 →
③ 1830년 이시헌에게 지시한 '다산 차떡' 제다의 기록으
로 이어진다.

이 과정에서 다산의 제다법과 차종류는 앞의 표에서 보

방법을 구하여 (떡차를) 만들 필요는 없다."(정민 · 유동훈, 『한국의 다서』,
2020, 김영사, 90쪽.)

5   박동춘, 『초의선사의 차문화 연구』, 일지사, 2010, 230쪽(1878년 지은
범해의 시 「초의차」 인용).

는 바와 같이 ① 구증구포 蒸曝(曬) 團茶(녹차) → ② 焙(曬) 葉茶(녹차)와 餠茶(團茶)[6] → ③ 삼증삼쇄 차떡(茶餠, 研膏茶, 녹차)로 진전되는 모습을 보이며 차의 본래성(本來性)인 녹차의 차성(茶性)을 고수한 일관성 위에서 독특하고 다양한 형태로 나타났다.

나. 다산과 강진 전통차가 한국 차문화사에서 차지하는 자리

1) 다산 제다 및 다산차의 가치 인식 오류와 한국 차문화사의 왜곡

다산차 관련 연구에서 발견되는 근본적인 문제는 연구자들이 다산 제다법의 취지 · 원리 · 내용을 제대로 파악하지 못하고, 다산차 완제품의 안쪽 구조와 외형(내부구조-團茶, 외형-餠茶, 구조 · 형태-茶餠)에 대한 지칭을 혼동하고 있다는 것이다. 또 차의 외형을 두고 덩이차라는 의미에서 단차(團茶)라 하고 떡 모양처럼 생겼다고 해서 병차

---

6 「다신계절목」에 "穀雨之日 取嫩茶 焙作一斤 立夏之前 取晚茶 (焙, 蒸?)作餠二斤 右葉茶一斤 餠茶二斤 與詩札同付"라고 한 데서, 이때 병차(餠茶)는 엽차(葉茶)를 긴압한 단차(團茶)였을 가능성이 있다.

(餠茶)[7]라고 하는 등 혼용하는 사례가 많다.

예컨대 정민은 제2회 강진 차문화학술대회(《다신계와 강진의 차문화》)(2017년 9월) 주제발표문 「다산과 강진의 차문화」에서 "다산이 제다에서 증포, 증쇄, 배쇄 등의 여러 표현을 썼다. 표현의 차이는 떡차와 산차의 제다법 구분과 무관하다. 떡차에도 증쇄 또는 배쇄의 표현을 썼다."면서 다산차는 떡차가 기본이고 초의차도 똑같다고 주장했다.

정민은 이 글에서 다산이 잎차를 언급하기도 했지만 '잎차'란 증쇄 과정을 떡차 만들 때와 똑같이 거쳐 빻기 직전 단계의 모습이라고 보고, 다산이 1년에 수백 근씩 만든 차는 어디까지나 떡차였다고 주장했다. 즉 다산이 빻는 과정은 말하지 않았지만 잎차는 빻기 전 모습일 뿐 다산차는 모두 빻아서 만든 떡차였다고 단정한 것이다.

정민은 「다신계절목」의 "穀雨之日 取嫩茶 焙作一斤 立夏

---

7   옛 차시(茶詩)에서 병차(餠茶)를 낱개로 셀 때는 차병(茶餠)이라고 한 사례도 보인다.

之前 取晩茶 作餠二斤 右葉茶一斤 餠茶二斤 與詩札同付"라
는 문구를 자의적으로 해석하여 다산 제다와 다산차의 독
창성과 다양성을 간과하는 오류를 범하고 있다. 다신계원
들은 해마다 떡차가 아닌 최고급 녹차성 백차인 우전 엽
산차(葉散茶)를 만들어 다산에게 보냈다. 윗글 후미 쪽에
나오는 葉茶와 餠茶는 분명히 대비되는 다른 차이다.

  정민은 또 다산 제다의 '증배(蒸焙)', '증쇄(蒸曬)', '배쇄(焙
曬)'라는 용어를 곧바로 떡차 제다 용어라고 단정했다. 그
러나 증배, 증쇄, 배쇄는 제다공정상 모두 살청의 방법으
로서 '빻는다'는 후속 과정과 직결되는 것은 아니다. 다산
의 언급이나 다산차를 언급한 글에서 위와 같은 제다 살
청 관련 용어들을 볼 수 있지만, 다산이 이시헌에게 보낸
편지 외에 어디에서도 다산 제다에서 찻잎을 찧었거나 빻
았다는 말을 찾을 수 없다. 또 다산의 편지에서 '마른 잎을
곱게 가루 내어 만든' 연고차 茶餅(차떡)은 젖은 잎을 짓찧
어 만든 餠茶(떡차)와는 다른 것이다.

  정민의 주장과 달리 다산차는 이시헌이 만든 연고차류

(茶山 茶餠) 외에 배(焙) · 쇄(曬) · 증배(蒸焙, 晒) 잎차 또는 그런 잎차를 긴압한 단차(團茶)였을 것이라고 보는 것이 제다 원리상 합리적인 추론일 것이다. 예컨대 구증구포한 다산차는 團茶(내부 구조) 성격의 餠茶(외형)이고 삼증삼쇄한 차는 연고차류의 차떡(餠茶가 아닌 茶餠) 형태였을 것이다. 정민은 범해의 「초의차」에 나오는 '백두방원인(栢斗方圓印)'이라는 문구를 인용하여 "모양 틀에 찍어냈고 이를 죽피(竹皮)로 포장했으니" 떡차라고 주장한다. 그러나 요즘 청태전의 경우에서 볼 수 있듯이 찧어서 만든 떡차는 차향 보전상의 이유로 포장할 필요가 없거니와 굳이 죽피로 포장할 이유도 없다.

한편 박영보(朴永輔, 1808~1872)의 「남차병서(南茶幷序)」에서는 "법제는 거칠어도 맛은 좋다(法樣雖麤味則然)", "두강으로 잘 만든 團茶를 가져왔네(頭綱美製携團圓)"라고 했다. 또 자하 신위는 초의차를 받고 초의에게 보낸 「북선원속고(北禪院續稿)」에서 초의차를 '보림백모(寶林白茅)'라고 명명했고[8], 이유원(李裕元, 1814~1888)의 『가오고략』 중 「죽로차」

---

8   박동춘, 『초의선사의 차문화 연구』, 일지사, 2010, 20쪽.

라는 시에서는 이같이 기록되고 있다.

보림사는 강진 고을에 자리 잡고 있으니 / … / 어쩌다 온 해박한 정열수 선생께서 / 절 중에게 가르쳐서 바늘싹을 골랐다네 / … / 구증구포 옛 법 따라 법제하니 / … / 초의스님 가져와서 선물로 드리니 / 백 번 천 번 끓고 나자 해안(蟹眼)이 솟구치고 / 한 점 두 점 작설이 풀어져 보이누나 …

여기 나오는 거칠다(矗), 단환(團圜), 보림백모(寶林白茅)는 구증구포한 다산차가 빻아서 만든 떡차가 아니라 잎차를 긴압한 단차였음을 말해 준다. 특히 「죽로차」는 초의가 가져온 다산의 구증구포차가 '바늘싹'으로 만들어졌기에 전다법으로 끓이자 단차로 뭉쳐져 있던 작설 바늘잎이 풀어져 나오는 모습을 묘사하고 있다.

윤치영(尹致英, 1803~1856)이 1862년경 강진 만불차에 대해 쓴 「벽은혜병다(碧隱惠餠茶)」에는 "煎之花瓷 宜蟾背芳香 如蜀嫗之粥(화자에 달이자 섬배의 방향이 알맞아서 촉나라 노파의 차죽과 같았다)"라는 대목이 나온다. 여기서 섬배(蟾背)는 떡차(餠茶)를 불에 구웠을 때 갈라진 균열의 모양이라고 했는데[9], 구증구포하여 가루 내어 다시 물에 이겨서 말린 차병(茶餠, 唐代 餠茶가 아닌)에서 더 많이 볼 수 있는 현상이다. 또 떡차를 덩이째 넣어 끓이자 나중에는 풀어져서 차죽과 같은 상태가 되었다[10]는 것은 다산이 1830년 이시헌에 보낸 편지에서 '죽처럼 마실 수 있는' 삼증삼쇄 차떡을 만들어 보내라고 지시한 내용과 같은 맥락이다. 즉 다산은 단차(團茶) 구조의 병차(餠茶) 형태 및 연고차(研膏茶) 구조의 차떡(茶餠)을 만들었다고 볼 수 있다.

이현정은 제4회 강진 차문화학술대회(「백운동과 차문화」) (2019년 8월) 주제발표문 「백운옥판차의 역사와 미래가치 고찰」에서 일반 병차(餠茶)와 다산이 이시헌에게 3증3쇄 제다법을 가르쳐 만들도록 한 차병(茶餠)의 다름을 인식하지 못하였다. 그는 다산의 구증구포 제다를 언급하면서 자신의 박사 학위 논문인 「한국 전통 제다법에 대한 융복합연

---

9   제2회 강진 차문화학술대회 자료집 『다신계와 강진의 차문화』(2017년 9월), 17쪽.

10   위 자료집 17쪽.

구』의 '구증구포 제다법에 따른 차 성분 분석' 결과를 인용하여 다산의 삼증삼쇄는 구증구포의 번거로움을 덜기 위한 것이라고 했다. 그러나 위 논문에 제시된 사진 및 관련 내용을 보면 이현정의 분석은 각각 아홉 번 찌고 덖어 말리는 초(炒)·증제(蒸製) 산차(散茶) 제다를 대상으로 한 것이어서 이를 다산의 단차(團茶) 제다법인 구증구포와 연결시키는 것은 논리적 정합성을 결여한다.

즉, 고도의 정밀성을 요하는 박사 학위 논문에서 다산이 말한 구증구포(九蒸九曝)의 의미와 내력을 규명하지 않은 채 초제(炒製) 및 증제(蒸製) 산차(散茶) 제다의 실험 결과를 다산의 각각 다른 제다법과 다른 차인 구증구포 단차(團茶) 제다 및 삼증삼쇄(三蒸三曬)[11] 차떡 제다에 일률적으로 적용함으로써 삼증삼쇄를 구증구포의 축소형으로 오해하였고, 삼증삼쇄로 차떡을 제다한 연유를 이해하지 못하여 다산의 차병(茶餠)을 당대(唐代)의 병차(餠茶)와 구별하지 못했으며, 그 결과 단차(團茶)와 병차(餠茶)를 단순히 외

---

11 九蒸九曝와 三蒸三曬에서 曝·曬를 구별한 것은 큰 찻잎과 여린 찻잎의 차이에 따른 것으로 보인다.

형에 대한 동일한 지칭으로 이해하고 있는 것으로 보인다. 당대의 병차(餠茶)는 '증기에 찌고 절구에 찧고 틀에 넣어 떡처럼 성형하고, 불에 쬐어 말리고, 꿰미에 꿰고, 봉하고…' 하여 만들었다.[12] 그러나 다산의 삼증삼쇄 차병(茶餠)은 삼증삼쇄하여 곱게 갈아 돌샘물에 괴어 떡으로 만들어 말린 고급 연고차(研膏茶)였다.

박희준은 제5회 강진 차문화학술대회(〈다산과 강진의 차문화〉)(2021년 11월) 주제발표문 「강진의 차산지와 보림차에 관한 고찰」에서 "만든 형태에 따라 덩이 형태로 만들어진 단차(團茶), 용단, 봉단의 둥근 형태인 떡차와 네모진 벽돌형으로 만들어진 전차(塼茶)가 있었으며…"라고 하여, 단차(團茶)와 병차(餠茶) 또는 전차(塼茶), 즉 차의 내부구조 모양을 보고 일컫는 차이름인 단차(團茶)와, 외형을 두고 일컫는 병차(餠茶) 및 전차(塼茶)를 구별하지 못하고 있다. 단(團) 자는 '모인다'는 뜻이어서 단차(團茶)는 절구에 찧지 않은 엽차(葉茶)를 모아 긴압한 것이라고 보는 게 적절하다.

---

12 晴, 採之, 蒸之, 搗之, 拍之, 焙之, 穿之, 封之, 茶之乾矣. - 『다경』 '三之造(차 만들기)'

즉, 단차(團茶)는 잎차의 개별적인 잎들이 원형을 유지하면서 긴압된 상태의 내부구조를 두고 일컫는 이름이다. 예컨대 보이차가 단차이다. 보이차를 병차(餠茶)라고 할 때는 외부 형태를 일컫는 것이다. 전차(塼茶)도 벽돌처럼 생긴 외부 형태를 보고 부른 이름이다. 전차(塼茶)의 내부 구조는 잎차가 긴압된 단차(團茶)일 수도 있고 젖은 잎차를 짓찧어서 벽돌 모양의 틀에 찍어 낸 당대의 병차(餠茶)와 같은 것일 수도 있다.

『강진 야생수제 정차(떡차) 브랜드 개발 사업 연구용역 보고서』(2019~2020, 남부대학교 산학협력단)는 33쪽에서 "한국 고유의 고형차(긴압차)"라 하여 고형차(餠茶)와 긴압차(團茶)의 구별을 하지 못했고, 청태전·보이차·고려단차를 모두 떡차 또는 발효차류로 분류하여 제다의 이론 및 제다에서 결정되는 차 성분 함량 구성에 따른 차종류 분류 기준을 이해하지 못하고 있다. 또 강진 야생수제 정차(떡차)의 정체성(제다법, 차의 종류 및 성분상 특성)에 대한 명확한 구명(究明) 없이 녹차와 발효차가 아닌 다른 차인 것처럼 설정하면서도 외형상 지칭 외에 그 차의 성분상 종류는

한국 茶의 진실

특정하지 않았다.

무엇보다 심각한 것은 각각 2·3차 연구용역보고회에 제시된 '강진차 성분분석 결과'(2차, 53쪽~54쪽. 3차, 78쪽)에서 차종류를 녹차, 발효차, 단차로 구분하고, 첫 번째 분석(2차보고회)에서 차의 3대 성분 중 카테킨은 '녹차—10.12% < 발효차—12.95% < 단차(강진 정차)—13.73%'로 "단차의 카테킨 함유량이 가장 높았고", 데아닌은 '녹차 0.72% < 단차 1.55% < 발효차 1.68%'라고 하여 "(단차)의 데아닌 성분이 녹차보다 훨씬 높게 나왔다."고 평가한 것이다. 그러나 이 성분 분석 결과는 기존의 일반적인 차 성분 분석 결과와는 정반대의 내용이다.

학계의 차 성분 분석 자료에 따르면, 제다 이론에 입각한 차 종류별 각 성분 함량은 카테킨은 '녹차 > 단차(산화차로서 떡차) > 발효차(보이차류)' 순이 된다. 또 데아닌도 '녹차 > 단차 > 발효차'의 순으로 줄어든다. 카테킨은 카테킨 산화요소에 의해 분해되므로 '녹차 → 단차(산화차인 떡차) → 발효차(보이차류)' 순으로 산화도가 진전될수록 함량이 줄고, 데아닌은 미생물효소에 의해 분해되므로 역시 '녹차 → 단차 → 발효차' 순으로 함량이 줄어든다. 따라서 위 '강진차 성분분석 결과'는 기존의 학설과 정반대의 결과여서 간과할 수 없는 오류의 표현이라고 할 수 있다. 또 1·2차 성분 분석 결과가 소수점 이하 두 자릿수까지 동일한 것도 신뢰성에 의문을 제기한다.

이 보고서는 또 5쪽에서 연구용역의 목적을 '다산·혜장·추사·초의와 다신계 결성 등 우수한 역사가 살아 숨쉬는 강진의 전통 차문화 계승, 야생차를 원료로 하여 다산의 제다법으로 만드는 강진 야생수제 정차(떡차)의 차별화된 이미지 확보'라 했고, 32쪽에서 "떡차 시장의 가능성을 높게 보는 것은 이른바 보이차 시장으로 대별되는 떡차류 시장이 대중적 이미지를 확보하고 있기 때문"이라고 했다. 이 주장은 당대(唐代)의 떡차(餠茶)와 최근의 단차(團茶)로서의 보이차의 내부 구조와 외형에 대한 이해 부족은 물론 제다발전사 및 제다 원리에 대한 기초적 이해가 없는 데 따른 오류라고 할 수 있다.

한국 茶의 진실

특히 "보이차 시장으로 대별되는 떡차류시장이 대중적 이미지를 확보하고 있다."는 주장은 보이차(團茶)를 청태전과 같은 일반적 병차(餠茶)로 보는 오류와 함께 차 시장 상황의 사실과도 괴리가 있는 것이고, 보이차와 떡차의 이미지를 정차(丁茶)의 개념에 연계시켜 '강진 정차'를 떡차라 하고 다산의 제다법으로 만들었다고 한 것에서는 사실을 도외시한 의도성이 엿보인다.

여기에서 '강진 정차'의 근거를 "신라 역사에, 흥덕왕 때 재상 대렴이 당나라에 가서 차나무 씨를 얻어 지리산에 심었다. 향과 맛이 당나라보다 낫다고 한다. 또 해남에는 옛날에 황차가 있었는데, 세상에 아는 사람이 없었다. 다만 정약용이 이를 알았으므로 이름을 정차(丁茶) 또는 남차(南茶)라고 한다."[13]는 조재삼(趙在三)의 『송남잡지(松南雜識)』「화약류(花藥類)」의 '황차(黃茶)'에 실려 있는 기사에 두고 있다면, 이는 아전인수식 기사 해석에 따른 판단 착오라고 할 수 있다.

13   정민, 『새로 쓰는 조선의 차문화』, 김영사, 2011, 125쪽.

여기서 언급된 황차(黃茶)는 이덕리의 『기다(記茶)』에 나오는 황차와 같은 것으로서, 1762년 강남 절강 상선이 표류돼 와서 조선에 퍼진 청대(淸代)의 청차(靑茶, 오룡차)류 또는 산화 병차(餠茶)라고 보는 게 타당하다. 즉 이때의 '정차'는 다산이 제다한 것이 아니라 다산이 알고 있었다는 의미로서 '정차'로 불렸으며, 다산이 제다하지 않은 제3의 차라는 의미에서 '남차(南茶)'라고도 했던 것으로 보인다. 강진 정차를 산화계통 떡차로 보는 것은 다산 제다의 차의 본래성 고수를 위한 녹차 지향 원칙에도 부합하지 않는다.

이런 오류는 연구자들이 실제 현장 제다 체험이 없거나, 제다를 차의 성분 변화에 입각한 제다이론이라는 학구적 방법으로써 관찰하지 않았고, 다산 제다법과 차 이름의 한자어를 관행적으로 중국 제다법 및 차 형태로써 이해하는 차 사대주의 경향에 젖어 있는 탓으로 보인다. 다산 제다와 차에 관한 연구에서 이런 오류들이 많은 것은 다산차로 대표되는 강진 전통차에 대한 근래의 연구가 본 궤도에서 상당히 이탈해 있음을 보여 준다고 할 수 있다.

그 영향은 지금까지 초의차 등 일부 제다법과 차에 대한 편향적 강조와 사실 왜곡으로 다산차가 묻혀 버린 한국 제다사와 차문화사의 왜곡 현상을 바로잡을 만한 논리의 부재로 귀결되고 있다. 강진 차문화학술대회 주제발표문에서 위와 같은 오류가 빈번하게 발견된다는 사실은 발표자들이 본질적이고 미시적인 문제에 정밀하게 집중해야 할 필요성과 경각심을 불러일으킨다.

2) 다산의 제다 및 다산차의 특성 분석

위에서 살펴본 바와 같이 강진 전통차의 궤적은 다산이 다산초당에 거처를 둔 11년(1808~1819) 동안 다산에서 난 야생찻잎으로 제다를 한 초기, 해배 이후 강진 제다들에게 〈다신계〉를 중심으로 한 제다를 지시하며 차로써 소통한 중기, 1830년 강진 제자 이시헌에게 '다산 차병'14 제다의 지침을 전한 후기 등 세 단계로 나누어 각기 독특하고 다양하게 진화·전개된 특색을 띤다.

---

14   당대의 餠茶와 구별하기 이해 '茶山 茶餠'이라 함.

다산이 다산초당에 들기 3년 전인 1805년 혜장에게 보낸 '걸명시'를 보면 다산은 이미 차와 다도에 관한 이론을 섭렵하고 있었으나 아직 직접 제다를 할 환경을 갖추지 못하여 다산초당 옆 백련사의 혜장에게 차를 구하고자 했음을 알 수 있다. 이때 혜장은 차가 무성한 다산의 만불사에 있었으므로 제다의 조건이 완비돼 있었다. 이때는 다산이 혜장을 만난 지 얼마 되지 않았을 때인데, 걸명시(「혜장(惠藏) 상인에게 차를 청하며 부치다(寄贈惠藏上人乞茗)」)에는 "모름지기 쬐고 말림 법대로 해야(焙曬須如法)"라고 배쇄법(焙曬法)을 알려 주는 대목이 나온다.

또 다산이 유배되기 20여 년 전에 나온 이덕리의 『기다(記茶)』에 진도 일대 사찰에 증배법 제다가 시행되고 있었다고 하니, 이 무렵 완벽한 이론으로서 확립되진 않았을지라도 남도 일대 사찰과 민간에서 나름대로 진전된 제다가 행해지고 있었음을 알 수 있다. 이후 다산이 「각다고」를 남긴 사실로 미루어, 다산은 『기다(記茶)』의 차산업 · 무역론도 참조했을 것으로 생각된다.

한국 茶의 진실

먼저 다산 제다 초기인 다산초당 시절의 제다법과 차는 이유원의 시[15] 및 다산 자신의 시[16]에서 알 수 있듯이 구증주포(九蒸九曝) 증쇄법(蒸曬(曝)法) 제다의 단차(團茶)였다고 할 수 있다. 박동춘은 "정약용이 구증구포 제다법을 승려들에게 가르쳤다고 했으나 실제 구증구포법은 제다사에서 제다법의 유형으로 제시된 적이 없다."[17]고 하고, 이유원이 유학자의 입장으로 『임하필기』를 편찬하는 과정에서 범한 오류라고 주장하고 있다. 그러나 위에서 본 바와 같이 이유원뿐만 아니라 다산 자신도 구증구포를 언급하였으므로, 다산의 구증구포 제다법은 '제다사의 유형'이 아니라는 한마디로 치부할 것이 아니라, 다산이 치밀한 실학자이자 창의력을 발휘한 발명가였다는 사실을 기반으로 각별히 주의하여 살펴볼 필요가 있다.

우선 구증구포라 하여 九자를 사용한 이유이다. 다산은

---

15 이유원의 문집 『가오고략(嘉梧藁略)』 중 「죽로차」라는 시에 "증구폭구안고법(구증구포 옛 법 따라 안배하여 법제하니)"라는 대목이 나온다.

16 다산의 「次韻范石湖丙午書懷十首簡寄淞翁」에 "지나침을 덜려고 차는 구증구포 거치고(洩過茶經九蒸曝)"라는 대목이 나온다.

17 박동춘, 『초의선사의 차문화 연구』, 일지사, 2010, 136쪽.

역저 『주역사전(周易四箋)』을 남긴 주역 해석의 대가였고, 혜장도 다산의 해박한 주역 지식을 찬탄한 바 있다. 주역에서 9는 양수의 대표로서 강한 활동성을 상징한다. 구증구포는 아홉 번 찌고 아홉 번 햇볕에 말린다는 뜻 외에 정성껏(철저히) 찌고 말리라는 뜻으로, 차의 강한 기운을 덜어 내는 효과와 함께 살청을 철저히 하여 카테킨 산화로 인한 떡차류의 갈변 현상을 막고자 한 목적이 컸다고 봐야 한다. 이는 다산이 읽은 『다경(茶經)』 '사지기(四之器)'의 '완(碗)' 항목[18]과 같은 맥락, 즉 녹차의 차성(茶性) 고수 원칙의 깊은 의미를 지닌다고 할 수 있다.

다산 제다 중기 현상으로서 녹차로서의 차의 본질(茶性) 고수 원칙은 '다신계 절목'에서 규정한 "곡우날엔 어린 차를 따서 1근을 불에 쬐어 말려 만든다. 입하 전에는 늦차를 따서 떡차 2근을 만든다. 잎차 1근과 떡차 2근을 시와

---

18   碗, 越州上 鼎州次… 或者以邢州處越州上, 殊爲不然. … 邢瓷白而茶色丹, 越瓷靑而茶色綠, 邢不如越三也. 차완은 월주요의 것이 상등품이고, 정주요의 것은 차등품이고, … 혹자는 형주요의 사발을 월주요의 것 위에 두는데 꼭 그렇지만은 않다. … 형주의 자기는 흰색이어서 차탕이 붉은색을 띠지만 월주의 자기는 청색이어서 차탕 색이 녹색을 띤다. 이것이 형주의 자기가 월주의 자기보다 못한 세 번째 이유이다.

편자와 함께 부친다."¹⁹라는 대목에서 나타난다. 여기에서도 다산 제다법의 '배(焙: 불에 쬐어 말린다)'라는 말이 나온다. 이때의 병차(餠茶) 2근은 증포(蒸曝) 또는 증배법(蒸焙法)으로 제다했을 가능성도 있지만, 앞의 '배(焙)'라는 제다법의 연장선상에서 불에 쬐어 말린 잎차를 긴압한 단차(團茶)였을 가능성도 있다.²⁰ 이때 잎차 제다에 초다법(炒焙法)을 쓰지 않은 이유는 연약한 우전 찻잎이어서 덖지는 않고 불기로써 말리는 정도에 그친 것이다. 이 제다법은 기법상으로는 『부풍향차보』의 생배법의 연장선상에 있는 것이고, 차종류로서는 오늘날의 백차에 가까운 것이라고 할 수 있다.

그런데 제다기법의 질은 오히려 오늘날 백차 제다의 문제점을 개선한 진일보한 것이라고 할 수 있다. 그 이유는 오늘날 백차 제다는 찻잎을 그늘에 말리는 방법이어서 건조 외에 살청 기능이 약하여 시간이 지체되면서 황갈색

---

19 穀雨之日 取嫩茶 焙作一斤, 立夏之前 取晚磕 作餠二斤. 右葉茶一斤 餠茶二斤 與詩札同付.

20 떡차 2근의 제다법이 생략돼 있으니, 잎차와 비슷한 양의 떡차도 잎차 제다 방식을 취했을 수 있다.

산화현상이 생기는 문제를 안고 있는 데 비해, 다산의 생배법(生焙法)에 의한 곡우 잎차 제다는 직접 불기운을 쬐임으로써 신속한 살청 효과와 건조를 통해 녹차로서의 차성을 더 효율적으로 유지하도록 할 수 있기 때문이다.

다산의 후기 제다법과 차종류는 삼증삼쇄 '다산 차떡(研膏綠茶)' 제다이다. 이는 다산이 다신계의 해이(解弛)를 질책한 무렵인 1830년 강진 제자 이시헌에게 보낸 편지에서 나타난다. 초의를 포함한 사찰의 승려들이 다도(제다법 및 음다법)를 모르던 이때 다산의 편지에는 '다산 차떡' 제다의 꼼꼼하고 상세한 내용이 들어 있어서 실학자이자 과학자인 다산의 제다에 대한 학구적 면모와 창의성를 알 수 있게 한다. 1830년은 초의가 『만보전서』에 있는 『다록』의 요점(『다경채요』)을 베껴 『다신전』을 낸 직후이다.

초의는 『다신전』 발문에 "절에 조주풍(차 마시는 풍조)은 있으나 다도(차를 만들고 보관하고 우려내는 방법)를 모른다."고 했다. 당시 큰 절에서 차를 마시기는 했으나 제다법(製茶法)과 포다법(泡茶法)을 제대로 알지 못했다는 말이니,

한국 茶의 진실

'다산 차떡' 제다의 한국 차문화사적·차산업적 의미가 크다고 할 수 있다. 다산 차떡 제다는 다산이 유배 시절 유학을 가르친 초의에게도 알려 주지 않은 것으로, 다산이 해배 후 강진에서의 제다 경험을 반추하고 '용원승설' 등 중국의 연고차 제다를 참고하여 창안해 낸 것으로 추정된다. 다산이 이시헌에게 보낸 편지를 보자.

지난번 보내 준 차와 편지는 가까스로 도착하였네. 이제야 감사를 드리네. 다만 지난번 부친 차떡(茶餠)은 가루가 거칠어 썩 좋지가 않더군. 모름지기 세 번 찌고 세 번 말려 아주 곱게 빻아야 할 걸세. 또 반드시 돌샘물로 고루 반죽해서 진흙처럼 짓이겨 작은 떡으로 만든 뒤라야 찰져서 먹을 수가 있다네.

　유동훈은 논문 「다산 정약용의 고형차 연구」(차학회지, 2015년 1월)에서 '다산 차병' 제다의 내력을 소개하고 있다. 이에 필자의 견해를 더하자면, 다산이 위 편지에서 분명히 '떡차(餠茶)'가 아닌 '차떡(茶餠)'이라고 지칭한 사실을 눈여겨보아야 한다. '다산 차병(茶餠)'은 청태전이나 뇌원차와 같은 '떡차'류, 즉 녹차에서 변질된 '산화차'류와는 제다법이 전혀 다를 뿐만 아니라 질에 있어서도 차원이 다른 고급 녹차였다고 할 수 있다.

즉, 당나라 시절 녹차로서 만든 떡차류가 찻잎을 쪄서 찧어 젖은 덩이를 만들어 건조시키는 과정에서 불가피하게 산화되어 이른바 '쉰 녹차'로 변질돼 버린 것과는 제다 및 건조 공정이 다르다. 다산 차병은 찐 찻잎을 바싹 말려서 가루 낸 다음 물에 반죽하여 떡(덩이)으로 만듦으로써, 미세한 가루 표면의 물기가 가루 안으로 침투되기 전에 접착제 역할만 하여 고운 가루 덩이 전체를 진공상태로 만들고 금세 건조돼, 건조 공정의 산화를 막는 효과로써 철저하게 녹차의 장점을 지켜 내도록 한 것이었다.

그러나 지금까지 한국 차계와 차학계의 차 담론에서는 한결같이 '다산 차떡'을 일반적인 떡차로 오인하여 '다산 차병'이 옛 떡차류처럼 산화갈변된 차라고 보고 있고, 오히려 그런 방향으로 이용하고자 하고 있다.[21] 그러나 옛

---

21 「강진 야생수제 정차(떡차) 브랜드개발사업 연구용역 보고서」(2020, 남부대학교 산학협력단)에서 말한 '떡차'의 경우도 그런 것으로 보인다.

떡차류는 원래 증청 살청한 녹차로서 제다한 것이었으나, 젖은 찻잎을 찧어 덩이로 만든 탓으로 건조 과정에서 불가피하게 산화되었기에, 『다경』 '사지기(四之器: 4. 찻그릇) 항에서 붉게 변한 차탕색을 녹색에 가깝게 보이도록 하기 위해 월주요 청자를 선호했다는 기록이 있음을 앞에서 보았다. 한국 차계와 차학계에서는 떡차류가 원래 녹차였으나 제다 공정상의 문제로 바람직하지 않게 산화갈변돼 버린 내력을 모르고 보이차 열풍에 편승하여 '발효차'라고 착각하는 경향이 있다.

이처럼 차의 성분상 효능이나 제다의 원리에 반하여 오늘날 청태전이나 뇌원차와 같은 폐기된 옛 차류를 '복원'하는 것은 시대착오적이고 반(反)제다사적인 일이라고 할 수 있다.[22] 여기에서 산화갈변돼 향과 맛이 뒤떨어지는 떡차류와 명말청초(明末淸初)에 자연 산화되어 항상성(恒常性) 방향(芳香)과 감미로운 맛을 내는 차로서 발생된 산화차 계

---

22 최근 '복원'이란 이름으로 등장한 떡차인 장흥 청태전과 보성 뇌원차의 색 · 향 · 맛이 카테킨 산화차로서 덖음 산차(散茶)인 청차(靑茶)류와 달리 시큼텁텁하고 쾨쾨한 것에서 그와 같은 옛 떡차의 폐기 및 복원해서는 안 되는 이유를 알 수 있다.

통의 청차(靑茶)류를 구별할 필요가 있다. 뒤 '4-다'의 다산 차병(산화차)은 다산 차병 제다법을 응용한 청차류의 현대 적 계승 모델이다.

여기에서 '다산 차떡'의 독창성 및 우수성을 고찰하기 위해서 위 유동훈의 논문에 근거하여 당대에서 송대에 걸쳐 창안되어 진전된 연고차 제다법을 알아볼 필요가 있다. 북송대 장순민이라는 사람이 쓴 『화만록』에 따르면 당대 말에 초기 연고차가 나왔는데, '제다법은 불에 쬐어 말리고 갈아서…' 물에 반죽하여 떡 모양으로 만든 것이었다. 즉 제다 공정이 '증(蒸) → 배(焙) → 연(硏, 膏) → 조다(造茶)'이다. 이것은 다산 차떡의 제다 공정과 거의 일치한다. 이 제다법은 차의 종류와 모양을 이전의 '떡차(餠茶)'에서 '차떡(茶餠)'으로 일대 변혁시킨 것이다.

여기서 '떡차 → 차떡'의 이행과정의 변수는 '도(搗: 절구에 찧다)' 대신 '배(焙: 건조) - 연고(硏膏: 가루로 빻다)'의 공정이 들어간 것이다. 이는 젖은 찻잎을 절구에 빻아 떡을 만들었을 경우, 속에 든 습기가 마르기 전에 가수분해 작용으로 산화 변질돼 버리는 단점을 보완한 것이라고 할 수 있다. 단, 이 제다법과 다산 차떡 제다법이 다른 것은 다산 차떡에는 좀 더 철저하게 찌고 건조시키는 '증배(蒸焙)'의 방법으로 '삼증삼쇄(三蒸三曬)'가 들어갔다는 점이다.

중기 연고차 제다법은 북송 휘종(재위 1100~1125)이 지은 『대관다론』에 나온다. '쪄서 누르고 말려서 갈아…', 즉 '증(蒸) – 압(壓, 膏) – 건(乾) – 연(研, 膏)'[23]이었다. 여기서 누르는 과정이 들어간 것은 찻잎의 쓰고 강한 맛(카테킨 성분)을 제거하여 차탕을 흰색에 가깝게 내기 위한 것으로 알려져 있다. 즉, 잔존하는 카테킨(티폴리페놀) 성분을 짜냄으로써(엽록소도 함께 배출됨) 산화갈변을 막기 위한 장치였을 것이다. 차를 건강기능성보다는 별난 차탕색(흰색)으로 즐기기 위한 호사(好事)성 기호 경향이 엿보인다. 즉 이때부터 차의 기호, 완상품(玩賞品)화 경향이 생겼다고 볼 수 있다.

---

23 '연고차(研膏茶)'에서 '연고(研膏)'는 진액(膏)을 짜낸다는 의미 및 가루(膏)를 낸다는 의미로 해석할 수 있다.

또 연고차의 완성품이라 할 수 있는 송대 후기 연고차 제다법은 남송 조여려(趙汝礪)가 쓴 『북원별록』(1186)에 나와 있다. 그 제다법은 '찐 뒤에 눌러서 진액을 짜내고 젖은 상태 그대로 갈아서 말리기', 즉 '증(蒸) ‒ 자(榨) ‒ 연(研, 膏) ‒ 조다(造茶: 차떡 만들기) ‒ 과황(過黃: 말리기)**24**'이다. 이때는 자(榨)의 공정에서 카테킨 성분의 산화 가능성이 줄어들었으므로 젖은 채 가는 쉬운 방법을 택했을 것이다.

위와 같은 연고차 제다법 진전 과정을 염두에 두고 다산 차떡 제다법 및 그 효능을 살펴보자. 위에서 다산 차떡은 초기 연고차 제다법과 흡사하나 '삼증삼쇄'가 들어간 차이가 있다고 했다. 삼증삼쇄는 '세 번 찌고 세 번 볕에 말린다'는 말이다. 이는 초기 연고차 제다가 중기 연고차 제다로 넘어가는 과정에서 강하고 쓴맛을 제거하기 위해 눌러서 찻잎의 진액을 빼내는 과정의 효과를 대신한 방법이라고 할 수 있다.

즉 '삼증삼쇄'로써 찻잎의 강한 기운을 덜어 낸 것으로,

---

24   과황(過黃)은 산화갈변(黃)을 막는다는 의미로 이해된다.

이는 다산이 초기 단차(團茶, 餠茶) 제다에서 '구증구포'로 썼던 방법과 달리 곡우 무렵의 연약한 찻잎을 쓴 데 따른 것이다. 즉 중·후기 연고차의 경우처럼 찻잎을 짜내서 차의 좋은 성분을 대부분 유실시키는 단점을 막으면서도 강한 기운은 덜어 낸 것이다.

또 초기 연고차를 만든 이유는 찐 잎을 찧어 떡으로 만드는 과정에서 건조 미흡으로 청태전이나 뇌원차[25]와 같은 산화 변질된 차가 되어 버린 '떡차'의 단점을 보강하여, 충분히 마른 잎을 미세하게 가루 내어 물에 이겨서 떡을 만듦으로써 조잡한 덩이차(團茶, 餠茶)의 건조 문제를 해결한 것이었다. 이는 오늘날의 가루차인 말차의 효시로서 음다법에 있어서는 '떡차'의 '전다법(煎茶法)'에서 '점다법(點茶法)'으로 이행되었다.

후기 연고차의 대표는 송대 당시 최고의 공납차인 '용원승설'이었다. 추사가 부친의 연경 사신길에 따라가서 대 서예가 완원에게서 얻어 마시고 그 차향에 반해 자신

---

25   2020년 보성군과 목포대대학원이 복원했다고 한 뇌원차류를 말함.

의 호를 '승설도인'으로 지었다는 일화가 전해진다. 추사
와 동시대인이었던 다산 역시 실학자로서 용원승설을 접
하고 충분히 연구했을 터이다. 떡차에서 차떡인 연고차로
의 진전 과정은 다음과 같다.

• 초기 연고차

(당) 貞元(당 9대 덕종 785~805), 북송, 장순민『화만록』

쪄서 불에 쬐어 말리고 갈아서 茶餅으로 造茶 (→ 茶山 茶

餅, 삼증삼쇄 추가)

蒸 → 焙 → 硏(膏) → 造茶

• 중기 연고차

북송 휘종(1100~25),『대관다론』

쪄서 누르고 말려서 갈아(쓰고 강한 맛 제거, 흰색 가까운 차

탕색. 차의 기호화 조짐) 차떡으로 造茶

蒸 → 壓(膏) → 乾 → 硏(膏) → 造茶

• 후기 연고차

(용봉단 · 용단승설), 1186, 남송 조여려(趙汝礪),『북원별록』

찐 후에 눌러서 진액을 짜내고 젖은 상태 그대로 갈아서 만든다.

蒸 → 榨(자) → 研(膏) → 造茶(차떡 만들기) − 過黃(말리기)

(* 過黃은 갈변됨을 막는다는 말린다는 의미인 듯하다)

※ 중국 제다사 정리: 증제 떡차(당) → 초기 연고차(당) → 중기 연고차(송) → 후기 연고차(송) → 초제 산차 (녹차 · 청차)(명 · 청)

여기에서 다산 차떡 제다에서 실사구시의 실학자이자 창의적 과학자였던 다산이 차에 있어서 추구했던 핵심 요지를 파악할 수 있다. 그것은 어디까지나 차는 고품질 녹차, 즉 차로서의 본래성(茶性)을 잘 보전하고 쉽게 산화갈변되지 않는 녹차였던 것이다. 녹차로서 떡차(餠茶)가 아닌 '차떡(茶餠)'으로 만든 것은 떡차의 건조 미흡 문제를 해결하여 녹차의 향(香)과 맛의 항상성(恒常性)을 유지시키기 위한 방법이었고, 삼증삼쇄하여 말려서 가루를 낸 것은 지나치게 강한 기운을 누그러뜨리면서도 차의 성분을 그대로 유지하도록 하고, 더 이상 산화 변질되지 않도록 한 지혜의 발휘였다고 보아야 한다.

이는 후기 연고차가 진액을 짜내어 '건강 수양 음료'로서의 기능을 수행하지 못한 것과 비교되면서 오늘날 가루 녹차인 고급 말차의 원형이었다고 할 수 있다. 다산이 〈다신계〉의 해이(解弛)를 질타한 무렵, 녹차의 항상성 유지를 위해 정성을 들여(삼증삼쇄하여 곱게 가루 내어 반드시 돌샘물로 반죽하여…) 다산 차떡을 제다하도록 가르친 것은 '신의(信義, 誠)를 중시한 〈다신계〉 결성 취지와 맥락이 통하는 지점으로 파악된다.[26]

여기에서 다산 제다법의 진화 과정을 정리해 보면, ① 초기의 구증구포(九蒸九曝) 증포(蒸曝) 단차(團茶)(다산의 시와 이유원의 『가오고략』 등의 기록) → ② 중기의 배(焙, 曬) 백차(白茶)와 증쇄(蒸曬, 蒸曝) 또는 배(焙, 曬) 단차(團茶)(1818년 8월 30일 「다신계절목」의 기록) → ③ 후기 삼증삼쇄(三蒸三曬, 蒸曬) 다산(茶山) 차병(茶餅) 연고녹차(研膏綠茶)(1830년 이시헌에게 보낸 편지에서)의 순으로 발전했음을 알 수 있다.[27]

---

26 범해 각안(梵海 覺岸, 1820~1896)의 「다가(茶歌)」에 "월출산에서 나온 것이 신의를 가벼이 여김을 막는다(月出出來阻信輕)"라 하였다.

27 구증구포(九蒸九曝)와 삼증삼쇄(三蒸三曬)에 포(曝)와 쇄(曬)를 구별하여 쓴 이유는 큰잎과 곡우잎의 차이 때문으로 보인다.

3) 차문화 불교중심설 및 '차문화 중흥조' 논쟁과 강진 전통차

한국 차계 일부에 불교가 한국 차문화의 중심이라는 주장과 한국 차의 중흥조가 초의라는 주장이 있다.[28] 또 다산 제다법으로 알려진 구증구포법에 대하여 "구증구포법은 제다사에서 제다법의 유형으로 제시된 적이 없다."[29]는 주장이 있다. 이 주장들은 같은 흐름 위에 있다. 즉, 한국 차문화의 중심이 불교이고 그 연장선상에서 선승인 초의가 한국 차문화를 일으켜 세웠으며, 따라서 다산이 창안한 강진 전통차의 구증구포법은 제다사상 인정되지 않는다는 것이다.

이에 반하여, 다산이 한국 차문화 중흥의 문을 열었다는 주장이 있다. "(걸명소는) 한국 차문화사에서 차문화의 중흥을 알리는 신호탄이 된 글이다. 이를 기점으로 훗날 초의에게 이어지는 차문화의 부흥이 시작되었다. 3년 뒤

---

28 박동춘, 『초의선사의 차문화 연구』, 일지사, 2010, 12쪽, 138~139쪽.박동춘 · 이창숙, 『초의 의순의 동다송 · 다신전 연구』, 이른아침, 2020, 4쪽.

29 박동춘, 『초의선사의 차문화 연구』, 일지사, 2010, 136쪽.

1808년 다산초당으로 옮기면서부터 다산은 한 해에 수백 근의 차를 직접 생산했다."[30] 이런 주장들에 대해서는 현재 혼돈에 빠진 한국 차문화의 정체성 확립과 전통 차문화의 바른 계승(정통의 계승)을 위해서 진위 및 본말이 규명되어야 한다.

불교가 한국 차문화의 중심이라는 주장의 근거는 당나라 때 선종과 더불어 차문화가 번성했고 도당구법승들이 당대 선불교의 차문화를 들여와 나말여초 구산선문 개창에 실어 이 땅에 이입시켰을 것이라는 추정이다.[31] 여기서 문화의 중심역할이란 한때 그 문화를 주도적으로 이끌고 행사했을 뿐만 아니라 그 문화가 전통으로서 지금까지 이어지고 있거나 중추적 영향력을 발휘하고 있음을 전제로 해야 한다. 또한 단순히 차가 아닌 '차문화'라 할 경우 그 내용이 명확히 규정된 전제 위에서 논의가 출발해야 한다.

---

30   정민·유동훈, 『한국의 다서』, 2020, 김영사, 158쪽.
31   불교가 한국 차문화의 중심이라고 주장하는 사람들도 주장의 근거를 추정이라고 밝히고 있다.

즉, 차문화란 용어에는 제다·행다·음다 및 거기에 수반되는 다도수양(수행) 등 제반 문화적 행위와 양상이 포함되어야 한다는 것이다. 따라서 불교가 차문화의 중심이라는 말에는 불교와 불교 승려들이 차와 관련한 제반 문화양상을 주도해 오면서 오늘날 일반 대중의 차생활에 중추적 영향력을 끼치고 있다는 의미가 들어 있다고 할 수 있다.

이런 기준으로 볼 때, 한국 차문화의 중심이 불교라는 주장은 근거가 약하다. 그 이유를 몇 가지 들어 본다.

첫째, 도당(渡唐) 유학승들이 구산선문 개창 시 당대 선종(禪宗)의 차문화를 들여왔다는 주장은 일본의 경우와 달리 기록적 근거가 없는 추정에 불과하다. 신라시대에 차를 부처 공양물로 썼다는 기록과 최치원이 쓴 「쌍계사 진감국사비문」에 승려들이 차를 마셨음을 추론할 수 있는 기록은 있으나, 선종 차문화의 양태인 선원청규를 준수하여 승려들이 수행에서 차를 음용했다거나 일본 다도의 경우처럼 그 영향력이 일반 대중의 다도생활로 이어졌다는 기록이나 근거를 찾아보기 어렵다.

이 땅에 차가 들어온 공식 기록은 『삼국사기』의 "신라 흥덕왕 3년(828년) 중국에 사신으로 갔던 대렴이 차 씨앗을 들여와 지리산 남쪽에 심었다."는 대목이다. 불가에서 또 는 승려들이 음다생활을 했음을 보여 주는 유적이 있고, 초의의 『다신전』 발문에 "총림에 음다풍이 있으나 다도를 모른다."고 했다. 즉 불가의 음다풍은 불가에서 있었던 편 린적 불가 차문화의 한 모습에 불과하다. 단지 차를 마신 것만을 차문화라고 할 수는 없을 뿐만 아니라, 제다 및 다 도수행을 포함한 본격적인 차문화에 대한 불교 관련 기록 이 없다는 사실은 한국 차문화 불교중심설의 설득력을 떨 어뜨린다. 그런 탓에 한국 차문화 불교중심설을 주장하는 이들도 그런 주장을 단지 추론에 의존하고 있음을 부인하 지 않는다. 근거 없는 추론은 상상력이 지어낸 허구에 불 과하다.

둘째, 고려시대에 문인들의 차시와 함께 승려들의 차시 도 보인다. 그러나 이런 차시류는 단지 차를 마신 느낌이

한국 茶의 진실

나 감상을 표현한 것이어서 차문화의 부분적 요소라고 할
수는 있지만 차문화의 중심역할을 한 것이라고 할 수는
없다. 또 승려 외에 일반 문인들이 오히려 차시를 많이 남
긴 사실로 볼 때, 승려들이 차시를 남겼다는 사실만으로
불교가 차문화의 중심이라고 할 수는 없다.

셋째, 조선시대에 들어와 초의가 『다신전』과 『동다송』
을 남긴 사실을 기반으로 초의를 '한국 차의 성인'이라 일
컫고, 이 주장을 받쳐 주는 이론적 배경으로 한국 차문화
의 불교중심설을 주장하는 것으로 보인다. 그러나 초의는
『다신전』 발문에서 "총림(叢林)에 간혹 조주(趙州)의 유풍(遺
風)이 있지만, 다도는 다들 알지 못하므로, 베껴 써서 보이
나 외람되다."[32]라고 밝혔다. 여기서 다도란 『다신전』 '다
도' 항에서 차를 만들고(製茶) 보관하고(藏茶) 우리는(泡茶)
방법을 적시한 것을 말한다. 이에 따르면 당시 한국 절에
단지 차를 마시는 풍습은 있었으나 차문화의 핵심 요소인
이런 다도에 대해서는 아는 이가 없었다는 말이다.

---

32   정민·유동훈, 『한국의 다서』, 김영사, 2020, 309쪽.

넷째, 초의가 한국 차문화를 중흥시켰다는 근거로서
『동다송』을 저술하여 차에 대한 이론적 토대를 정립했고,
차에 대한 전문성으로 인해 당시 사대부들 사이에서 '전
다박사'로 칭송되었다는 점을 들고 있다. 그러나 『동다송』
은 숭유억불 시대 사문난적 비판이 득세하던 상황에서 유
가적 왕가인 홍현주의 다도에 관한 물음에 답한 내용으로
서, 불가의 차정신이나 차 인식과 거리가 있는 내용이다.
초의는 『동다송』 제60행의 주석 말미에서 "評曰 '採盡其妙
造盡其精 水得其眞 泡得其中 體與神相和 健與靈相併 至此
而茶道盡矣'**33**"라고 하였다. 이 대목은 『동다송』의 핵심이
자 결론으로서 초의의 창의적인 다도관이 표출된 것이다.

이 구절의 의미는 찻잎을 딸 때부터 차탕을 우려내기
까지 "(다신의 보전에) 정성(精誠)을 다하라"는 말로서 유가
의 최고 이념이자 수양론적 목표인 성(誠)을 강조한 것이
다. 따라서 동다송의 다도정신은 성(誠)이라고 함이 적절하

---

33 결론적으로 간추려 말하자면, 찻잎을 딸 때 찻잎이 지닌 다신의
역동성(妙) 보전에 최선을 다하고, 차를 만들 때 찻잎의 정기(精) 보전에
최선을 다하고, 좋은 물(眞水)을 골라, 우릴 때 차와 물의 양의 적정을
기하면, 물과 차가 조화를 이루고 물의 건강성과 차의 신령함이 함께한다.
이것이 다도이다.

한국 茶의 진실

다.[34] 여기서 유의할 것은 흔히『동다송』의 다도정신을 중정(中正)이라 하고 이를 한국의 다도정신으로까지 확대해석하는 경향이 있으나,『동다송』제59행 및 60행[35]에 표현된 '중정'은 차탕의 적정(中正)한 상태를 가리키는 형용사이다. 즉 다신이 정상적으로 발현된 중정의 차탕을 구현해 내기 위해 정성을 다하는 마음자세를 가지라는 것(誠)이『동다송』의 다도정신이다. 따라서『동다송』의 다도정은 유교사상에 가까운 것이므로 초의의『동다송』저술을 근거로 한국 불교가 한국 차문화의 중심이라거나 초의가 한국 차문화를 일으켰다는 주장은 실체적 사실과 거리가 있다.

또 초의의『동다송』외에 한국 최초의 다서이자 세계 최초·유일의 다도전문서로 일컬어지는 한재 이목의『다부』를 비롯하여 이운해의『부풍향차보』, 이덕리의『기다』, 정

---

34 『동다송』은 성리학을 통치이념으로 삼은 조선시대에 같은 성리학파 중에서도 사문난적이라 하여 이론을 허용하지 않던 엄혹한 상황에서 왕족인 홍현주의 다도에 관한 물음에 답한 것이므로, 초의가 왕가에 답하는 서책에 불가사상이나 이념을 다도사상으로 담았을 리 없다.

35 體神雖全 猶恐過中正. 물과 차가 온전하다고 해도 오히려 적정량을 지나쳐 정상적인 차탕이 되지 않을까 두렵다(제59행). 中正不過健靈倂. 중정은 물의 건강성과 차의 신령함이 함께하는 차탕의 상태이다(제60행).

약용의 『각다고』 등 한국 차문화를 주도한 다서 대부분이
유가에 의해 저술되었다는 점도 초의의 『동다송』 저술을
불교의 차문화 중심설 근거로 삼는 주장의 설득력을 떨어
뜨린다.

다섯째, 오늘날 불교의 차문화 인식이나 차 음용 행태
에서 불교가 한국 차문화의 중심역할을 했다는 근거를 찾
아보기 어렵다. 요즘의 한국 절집들에서는 주로 보이차나
커피를 마시는 풍조가 만연(蔓延)되고 있다. 또 실상 불교
쪽에서는 한국 차문화의 중심이 불교라고 주장하거나 한
국 차문화의 침체에 주체적으로 걱정하는 목소리를 듣기
어렵다. 이는 한국 불교가 차를 불교문화의 중요한 축으
로, 또는 불교가 한국 차문화의 중심이라고 인식하고 있
다는 근거가 되지 못한다.

이상의 사실들과 한국 제다 발전사의 내용을 견주어 살
펴볼 필요가 있다. 제다 발전사는 제다와 차 종류의 규정
은 물론 음다법 및 차 음용의 목적까지를 포괄하는 차문
화의 집대성으로서, 한국 차문화가 어떤 중심축으로 전개

되고 유지되어 왔는지를 보여 주기 때문이다.

한국 제다 발전사는 위의 표에 근거하여 중국 제다사와 비교할 때 아래와 같이 펼쳐졌다.

• 중국 제다사

蒸製 餠茶(唐) → 초기 硏膏茶(唐) → 중기 연고차(宋) → 후기 연고차(宋) → 炒製 녹차(明)

초기 연고차: 蒸 → 焙 → 硏(膏) → 造茶(차떡 만들기)

중기 연고차: 蒸 → 壓(膏) → 乾 → 硏(膏) → 造茶(차떡 만들기)

후기 연고차: 蒸 → 榨(자) → 硏(膏) → 造茶(차떡 만들기) → 過黃(말리기)

• 한국 제다사

生焙法 鄕茶(1757년, 『부풍향차보』) → 蒸焙法 葉散茶(1783년, 『記茶』) → 구증구포 蒸曝法 團茶(餠茶)(1808년~, 다산, 이유원의 기록… → 焙(曬)法 葉散茶・團茶(1819년~, 「다신계절목」) → 삼증삼쇄 蒸曬法 硏膏茶 다산차떡(茶餠)(1830년

~, 이시헌에게 보낸 편지) → 구증구포 단차(1830년경 초의의 '보림백모') → 炒焙法 葉散茶(1837년~『동다송』저술 이후~)

※ 다산 제다의 시기 구분

초기: 구증구포 團茶(녹차) (다산의 시「次韻范石湖丙午書懷十首簡寄淞翁」, 이유원의 '가오고략'「죽로차」) (→ 초의의 '보림백모')

중기: 焙(曬) 葉茶 및 團茶(餠茶)(「다신계절목」)

후기: 三蒸三曬 '茶山 茶餠'(연고 녹차)(1830년 이시헌에게 보낸 편지)

위에 제시된 한국 제다 발전사에서 가장 큰 비중을 차지하는 것은 다산의 제다법과 차종류이다. 다산 제다의 특징은 초기 단차 제다의 경우 중국 증제(蒸製) 떡차 제다의 산화갈변현상을 개선하기 위해 일종의 강력한 살청(殺靑) 증제법(蒸製法)인 구증구포[36] 방법을 취했고, 중기 배(焙, 曬: 불에 쬐어 (볕에) 말림) 백차 제다의 경우 산화 방지

---

36 九蒸九曝란 찻잎을 여러 번 찌고 말린다는 의미로서, 여기서 말렸다는 것은 중국 당대의 떡차처럼 젖은 잎을 짓찧어 떡 모양으로 만든 게 아니라 찐 잎을 말려서 긴압한 단차(團茶)를 만들었다는 의미라고 할 수 있다. 이는 당대의 떡차가 건조과정에서 산화갈변된 문제를 해결하고자 한 것이라고 할 수 있다.

를 위해 불에 쬐어 말려서 엽산차(葉散茶)로서 녹차에 가까
운 백차를 제다하는 방법을 취했으며, 후기 삼증삼쇄 다
산 차떡 제다는 우전 찻잎을 잘 살청하고 자연건조시켜(삼
증삼쇄) 곱게 빻아 가루를 내어 물에 반죽하는 연고법(研膏
法)을 적용했다.

  여기서 나타나는 다산의 제다와 차의 특성은 일관되게
녹차로서 차의 본래성을 고수하는 원칙 위에서 종래의 전
통 제다법인 『부풍향차보』의 생배법, 『동다기』의 증배법
및 당·송대의 연고차 제다법 중 핵심적 내용을 창의적으
로 변용한 방법(삼증삼쇄) 등 독창적이고 다양한 방법이 활
용되었다는 것이다. 이는 다산이 『다경』 '사지기(四之器)'의
월주요 청자 선호 이유[37] 및 『기다(記茶)』 '다사(茶事)' 항에
있는 잎차의 효능[38]을 주요 내용으로 이해하고 있었음을
방증한다.

37 월주요 청자다기를 선호한 이유가 떡차가 산화갈변돼 차탕이 적갈색인
    것을 녹색에 가깝게 보이게 해주기 때문이라는 것.
38 용봉단 등 떡차는 향약(香藥)을 넣어 향과 맛이 좋을 뿐 차로서의 효능은
    잎차(葉茶)가 대단하다는 것.

여섯째, 한국 차문화 불교중심설은 대체로 조선의 차문화가 (고려에 비해) 쇠퇴한 이유를 조선시대 불교 탄압으로 든다. 불교 탄압에 따른 불가의 경제적 어려움으로 불교 차문화가 쇠퇴했다는 것이다. 이는 막연한 주장이다. 조선시대 숭유억불책이 불가의 차문화를 억제했다는 실체적 근거는 찾아보기 어렵다. 사원 운영이 유지되는 정도에서 일정한 넓이의 차밭과 노동력만 있으면 제다를 충분히 할 수 있으므로 사원의 경제가 어려워 불교 차문화가 쇠퇴했다는 주장은 사실과 거리가 멀다. 『다신전』 발문의 언급처럼 애초에 사찰에서 차문화의 출발이자 핵심인 제다를 하는 일이 없었다고 봐야 한다.**39**

또 고려시대보다는 오히려 조선시대에 들어와 『다부』, 『부풍향차보』, 『기다』, 『각다고』 등 본격적인 다도와 제다 관련 차서(茶書)들이 저술되었고, 이의 연장선상에서 다산은 강진 유배기를 전후하여 한국 전통 차문화를 창시하였으며, 초의는 다산의 차문화 보완 · 계승적 위치에서 명대의 초배법(炒焙法)을 소개하였고 유가 왕가인 홍현주의 다

---

39   조선시대 제다는 거의 민간 제다전문집단에서 했다.

도 관련 물음에 대한 답변서로서 「동다송」을 썼다. 조선의 차문화가 고려에 비해 쇠퇴했다는 주장은 단순비교의 우를 범하고 있다. 단, 조선 후기 차문화 침체는 임진왜란의 영향이 크다는 게 일반적 분석이다.

여기에서 한국 차문화 불교중심설과 연계된 초의가 한국 차문화 중흥조라는 주장을 다산의 차 행적과 견주어 살펴볼 필요가 있다.

위 표에서 알 수 있는 바와 같이 초의가 한국 차문화에 공헌한 내용은 다산으로부터 제다법을 배운 보림백모를 1830년 경 한양의 유가 문인들에게 소개하여 전다박사라는 칭호를 얻은 것, 『다신전』에 명대(明代)의 초배법(炒焙法)을 소개하고 『동다송』에서 『다신전』에 있는 '다도'의 의미를 확장시켜 '採盡其妙 造盡其精 水得其眞 泡得其中 體身相和 健靈相倂 至此而茶道盡矣'라 하여 한재가 제시한 '한국 수양다도'를 보완한 점 등이다.

초의의 이런 차 행적을 과소평가할 이유는 없다. 다만

초의의 차 행적은 『동다송』에서 '다도'를 좀 더 창의적으로 보완한 것 외에 선승으로서 선리 탐구에 매진하는 와중에 중국의 초배법을 소개하고 문인 및 경화사족 등 특권층과 제한된 차 교류를 한 것이고, 다산은 실사구시적 학식을 갖춘 실학자로서 『각다고』를 지어 차산업론을 설파했고, 당시까지 전해 오는 증제법·생배법·증배법 등 전통 제 다법을 두루 융복합하여 민초와 함께 단차(團茶), 엽산차 (葉散茶), 연고차(研膏茶) 등 독창적이고 다양한 차종류를 창 안해 냈다는 점에서 비교된다.

이런 점들을 종합하여 볼 때, 한국 차문화의 중흥조가 누구냐의 논쟁에는 파당적 명리 추구의 목적성이 엿보인 다. 이런 지적을 피하기 위해서는 다산과 초의가 한국 차 문화사에 기여한 역사적 사실에 입각하여 다산을 한국 전 통차와 차문화의 창시자, 다산차를 한국 전통차의 원형이 자 모체(母體)라고 각각 명명하고, 초의는 다산의 한국 전 통 차문화 창안과 전개에 이어 명대의 초배법을 소개하고 한재의 '수양다도'를 보완하여 보완적 계승자 역할을 했다 고 하는 게 좀 더 사실에 가까운 진술이 될 것이다.

이런 점에서 "구증구포법은 제다사에서 제다법의 유형으로 제시된 적이 없다."는 주장은 중국 제다사를 기준으로 한 견해로서 구증구포법의 진정한 의미를 이해하지 못한 단견이라고 할 수 있다. 역사는 물론 제다사의 기술(記述)은 어떤 유형으로 제시되는 요식 절차를 필요로 하는 것은 아니다. 당시의 환경에서 발생된 의미 있는 사건이나 문화적 현상이 대중지성의 확인과 지지를 받게 되면 곧 역사적 사실이 되지 않던가. 구증구포법은 다산이 시로써 남겼고, 이유원의 서책에 기록으로 남아 오늘에 전해지는 한국 제다사의 독특한 유형임을 부인할 수 없다. 한국 제다사에 엄연히 기록되어 한국 전통 제다의 질을 혁신한 다산의 구증구포법을 부인하는 것은 한국 제다사를 왜곡하는 것이다.

같은 맥락에서 초의가 활용한 명대의 초배법과 덖음잎차가 한국 전통 제다법 및 전통차라는 주장은 다산이 정립한 한국 고유의 전통 제다법과 전통차를 부정하여 한국 차문화사를 왜곡한다는 지적과 우려를 야기할 수 있다. 다산이 한국 전통차의 창시자라면 다산에게서 단차(團

茶) 제다를 배워 보림백모**40**를 제다하고 명대 초배법을 소개하는 한편, 『동다송』에서 한국 다도의 개념을 보완·정리한 초의는 한국 전통 차문화의 보완적 계승자라고 하는 게 적절하다. 초의 이전까지 한국 전통 차문화가 없었거나 완전히 단절된 것을 초의가 새로 일으켜 세워 중흥시켰다고 볼 수는 없기 때문이다.

또 "초의가 이룩했던 차문화 중흥의 영향이 근현대로 이어지지는 못하였으나, 그가 정립한 제다법과 탕법은 범해로 이어지고 다시 금명·응송에게로 이어졌다. 이러한 점은 한국 전통차의 원형을 회복할 수 있는 단초를 남겼다는 점에서 중요한 의의가 있다고 할 수 있다."**41**는 주장도 재고되어야 한다. 초의가 소개한 명대 초배법에 의한 덖음잎차를 한국 전통차의 원형이라고 주장하는 것은 역사적 사실에 부합하지 않을 뿐만 아니라 한국 전통차의

---

40 1841년 신위가 쓴 시 「벽로방 앞뜰을 산보하며(碧蘆舫前庭散步)」의 제6구(髮頭童子捧團茶) 아래에 쓴 주석에 "이날 저녁에 좋은 샘물을 길어와 초의가 부쳐 준 단차를 끓였다(是夕汲名泉 淪草衣所寄團茶)"라고 했다. 보림백모를 떡차(餅茶)라고 하는 사람이 많지만 초의차를 단차(團茶)라고 한 사실에서 병차(餅茶)와 단차(團茶)는 구별되어야 한다.

41 박동춘, 『초의선사의 차문화 연구』, 일지사, 2010, 139쪽.

다양성을 축소·왜곡시킬 우려가 있기 때문이다.

그러나 실제로 한국 차계와 차학계에서는 초의가 소개한 명대 초배법이 한국 전통 제다법이고 초배법으로 제다된 이른바 '초의차'가 한국 전통차라는 주장이 소통되는 데 대하여 별다른 이의를 제기하지 않고 있다. 이런 탓에 다산의 독창적이고 다양성 있는 제다와 차의 가치가 한국 제다사와 차문화사에서 폄훼되어 묻히고 있다. "구증구포법은 제다사에서 제다법의 유형으로 제시된 적이 없다."는 주장은 이런 상황을 말해 주는 단적인 예라고 할 수 있다.

4. 한국 전통차의 원형으로서 강진 전통차의 계승 방안

가. 강진 전통차의 계승 방향

앞에서 살펴보았듯이 다산이 창안하여 완성한 강진 전통차는 독창성과 다양성에 있어서 한국 제다사와 차문화사에서 가장 큰 비중을 차지하고 있고, 한·중·일 차문화사 중 고유의 독창성을 지녔기에 한국 전통차의 원형이라고 보는 데 손색이 없다. 그런데 전통차라는 개념은 현물로서 완제된 차와 차탕뿐만 아니라 그것의 전후에 수반되는 제다, 포다, 음다, 수양론적 다도 등 모든 관련 개념이 포함된 '차문화'의 개념으로 전제되고 이해되어야 한다. 또 전통의 계승은 정통의 계승이어야 하고, 정통은 전통의 바른 계통을 시대적 요구에 맞는 가치로서 구현되는 방식으로 표출되어야 한다. 이런 점에서 강진 전통차의 계승은 강진 전통 차문화의 계승으로서, 앞에서 살펴본 다산의 제다 및 차의 특성과 다도정신을 시대적 요구에 맞는 요소들로 취사선택, 보완·변용·확충하는 방향으로 나아가야 한다.

다산의 제다 및 다산차의 종류와 특성은 다양하다. 구증구포(九蒸九曝) 단차(團茶), 배(焙, 曬) 엽산차(葉散茶), 삼증삼쇄(三蒸三曬) 연고차(研膏茶) 등이 그것이다. 그리고 이와 유사하지만 동일하지 않은 제다법과 차종류들은 현대에도 널리 확산돼 있다. 다산 제다와 차의 특성은 그런 유사한 것들을 능가하여 오늘의 시대적 요구를 선도할 수 있다는 장점이 있다. 그것은 실학자이자 창의적 발명가인 다산의 지혜가 낳은 산물이기 때문이라고 할 수 있다.

전통의 계승에는 본질 보전과 변용이라는 문제가 뒤따른다. 강진 전통차의 계승에 따르는 문제는 녹차 지향의 다산차로서 차의 본질을 유지하면서도 어떻게 대중성과 상업성을 확보하느냐이다. 이런 점을 염두에 두고 다음 항에서 좀 더 구체적으로 강진 전통차의 계승 방법을 모색해 보기로 하자.

나. 강진 전통차 계승을 위한 제다법과 차종류 및 특성

강진 전통차로서 다산차의 제다 및 차종류와 그 특성은 아래와 같이 분류할 수 있다.

• 세밀하게 본 다산 제다의 시기별 구분에 따른 차종류와 특성
1) 초기

① 焙曬 團茶(1805년 혜장에게 보낸 '이아암선자걸명소(貽兒菴禪子乞茗疏)'에서 '焙曬須如法侵漬色方瀅' 불에 쬐어 말리기를 제대로 해야 물에 담갔을 때 빛이 해맑다)

② 九蒸九曝 團茶(다산의 시 「범석호의 丙午書懷 10수를 차운하여 淞翁에게 부치다」, 이유원의 『임하필기』 중 「호남사종」, 『가오고략』 중 시 「죽로차」)

③ 蒸焙 團茶(이규경의 『오주연문장전산고』 「도차변증설」, 동국문화사 영인본. 1955. 권56 제4책 809면) (有萬佛寺出茶 丁茶山鏞謫居時 敎以蒸焙爲團 作小餅子 名萬佛茶而已. … 東人之飮茶 欲消滯也) → (보림백모)

2) 중기

① 焙作一斤 잎차(白茶) 및 蒸焙(蒸曝, 蒸曬) 餠茶(團茶)(1818년 「다신계절목」의 기록)

② 晒作 잎차(白茶)("來時 摘早茶付晒否? 曰未及", 1823년 마재로 찾아온 제자 尹種參 · 尹種軫에게 써 준 친필)

3) 후기

三蒸三曬 '茶山 茶餠'(연고 녹차)(1830년 이시헌에게 보낸 편지)

위의 분류에서 다산 제다법 및 차종류의 발전은 ① (일반

찻잎) 배쇄(焙曬), 구증구포(九蒸九曝) 증배(蒸焙) 단차(團茶) →
② 배(焙, 晒 — 1823년) 어린잎(嫩茶) 백차 및 입하전 만차(晩茶)
의 배쇄(焙曬, 蒸曝, 蒸曬) 단차(團茶, 餠茶) → ③ 곡우잎 삼증
삼쇄(三蒸三曬, 蒸曬) 연고차(研膏茶)의 순서로 진전됐다.

일반적으로 다산차의 초기 형태를 병차(餠茶)로 알고 있
으나, 위 1) 초기 ① ② ③에서 단차(團茶)라 한 것은 배쇄
(焙曬)·구증구포(九蒸九曝)·증배(蒸焙) 제다법의 건조공정
(曬·曝·焙)이 떡차 제다법의 전형인 당대(唐代)의 '찻잎을
찌고 짓찧는' 방법과 달랐다는 데 근거를 두고 있다. 당대
의 떡차 제다법은 쪄서 짓찧어 젖은 상태에서 떡으로 빚
어서 건조시키는 방법이었고, 다산의 구증구포법은 여
러 번 찌고 말리는 방법이었는데, 이는 젖은 상태에서 짓
찧어 만든 병차(餠茶)의 건조상 문제를 해결한 것이었다고
볼 수 있다. 구증구포라는 말 외에 다른 방법이 추가되지
않은 것은 여러 번 쪄서 말린 것으로 차를 완제했다는 의
미이고, 그때의 차 형태는 산차(散茶) 또는 산차를 긴압한
단차(團茶)였을 가능성이 높다.

당시 다산이 만든 구증구포차를 묘사한 이유원의 『가오고략(嘉梧藁略)』의 시 「죽로차」에는 "떡인데도 붉지 않네"라는 구절과 "한 점 두 점 작설이 풀어져 보이누나"라는 구절이 나온다. 이는 구증구포차가 산화갈변되지 않은 녹차이고 짓찧거나 가루내지 않고 잎차를 긴압한 단차(團茶)였음을 말해 준다. 젖은 채 짓찧어 떡으로 만든 당대 병차(餅茶)가 건조 미흡으로 제다 이후 산화갈변돼 버린 문제를 해결한 것이다.

또 자하 신위가 자신의 시 「남차시병서」에 초의가 차운하여 화답한 시를 받고 지은 시의 긴 제목에서 초의가 보내온 차를 '보림백모'라고 하고 "떡차 4개를 보내왔다"고한 것도 우전잎의 백모(白茅)가 보이는 단차(團茶) 4덩이라는 의미이다. 이 밖에 이유원의 『가오고략(嘉梧藁略)』의 시「죽로차」에서 "…하여 대껍질로 포장했네…"라는 말도 보림백모 등 당시 차형태가 산차를 긴압한 단차(團茶)였을 가능성을 높여 준다.

구증구포의 목적은 큰 찻잎의 강한 기운을 덜어 내는

것과 함께 살청을 철저히 하여 카테킨 산화로 생기는 산화갈변현상을 막기 위한 것이었다고 할 수 있다. 따라서 이렇게 완제된 차를 다시 물에 적셔 떡차로 만들 이유는 없었다고 보는 것이 합리적인 추론이다. ①의 구증구포(九蒸九曝) 방법은 ②의 '배(焙, 晒) 및 증쇄(蒸曬, 曝)'의 과정을 거쳐 ③의 삼증삼쇄(三蒸三曬)로 진전되었음을 알 수 있다.

그러나 학술적으로 고찰할 때, 위와 같은 계통과 과정을 거쳐 이룩된 창의성과 특장점을 갖춘 다산 제다법과 다산차가 오늘날 제대로 계승되고 있다고 할 수 없다. 특히 다산의 가르침에 따라 이시헌이 제다한 삼증삼쇄 차떡은 다산 제다의 최고 완결품이라 할 수 있으나, 그 취지와 내용을 이해하여 재현한 사례를 찾아볼 수 없다.

이현정은 일본 학자 아유카이 후사노신(鮎貝房之進, 1864~1946)의 「차이야기」를 인용하여 '금릉월산차'가 다신계 약속을 100년 이상 지켜 온 증표로서, 1창으로 만들어져 다산의 잎차 제다법이 전승된 것이라고 주장했다.[42]

---

42   제4회 강진차문화학술대회(「백운동과 차문화」) 자료집(2019.8.30.), 38~39쪽.

「다신계절목」'약조' 항에는 곡우 날 어린 차를 따서 불에 말려(焙) (葉茶) 한 근, 입하 전에 늦차를 따서 병차(餠茶) 두 근을 만든다고 하였다. 이현정이 말한 위의 '금릉월산차' 가 다신계절목의 엽차 개념에 맞는지는 정밀한 확인이 필요하다.

아유카이 후사노신의 「차이야기」에 '다산 선생 유법의 차'라는 말과 함께 "…싹은 굵고 길어 1촌(3㎝) 정도가 되는 자못 훌륭한 것으로서, 시험 삼아 그것을 달여 맛보았더니, 차의 향기 등은 거의 없고, 달지도 쓰지도 떫지도 않았기에…"라는 대목이 나온다. 완제된 차의 싹이 굵고 길어 1촌 정도 된다는 것은 원료로서 상당히 큰(긴) 생찻잎을 썼다는 것이고, 차향과 맛이 거의 없다는 것은 구증구포하여 만든 단차(團茶)였거나 대밭에 난 찻잎을 썼을 가능성을 높여 준다. 「다신계절목」의 잎차 제다 관련 대목에서 1창이나 대밭 찻잎을 썼다는 언급은 없다. 즉 여기서 '금릉월산차'는 대밭에서 난 찻잎을 원료로 쓴 구증구포 단차(團茶)와 같은 것이 아니었는지 재고할 필요가 있다.

이현정은 또 "포장이 흐트러지지 않도록 얇게 저민 대나무로 프레임을 만들었다."고 했다.[43] 그러나 이 언급이 다산 제다 관련 옛 기록에 근거하고 있다면, '대나무 프레임'이 꼭 잎차 포장용 목적이었는지도 확인할 필요가 있다. 즉 범해의 시 「초의차」에 나오는 '백두방원인(栢斗方圓印)'의 경우처럼 큰 잎으로 만든 구증구포 증제차를 단차(團茶)로 죄어 넣는 도구로서 대나무 틀을 만들었다고 볼 수도 있다.

이유원은 『임하필기』「호남사종」과 『가오고략』「죽로차」에서 이렇게 말하고 있다.

강진 보림사 대밭차는 열수 정약용이 얻었다. 중들에게 구증구포 방법을 가르쳐 그 품질이 보이차에 밑돌지 않는다. (「호남사종」)

보림사는 강진 고을 자리 잡고 있으니 / 호남 속한 고을이라 싸릿대가 공물일세. / 절 옆에는 밭이 있고 밭에는 대가 있어 / 대숲

43   위 자료집 39쪽.

사이 차가 자라 이슬에 젖는다오. / … / 어쩌다 온 해박한 정열수 (丁洌水) 선생께서 / 절 중에게 가르쳐서 바늘 싹을 골랐다네. / 천 가닥 가지마다 머리카락 엇짜인 듯 / 한 줌 쥐면 움큼마다 가는 줄이 엉켰구나. (「죽로차」)

위 예문에서 보이차가 비유되고, '바늘싹', '머리카락 엇 짜인 듯 가는 줄이 엉켰구나'라는 표현은 다산의 구증구포 증제차가 대밭 찻잎을 쓴 단차(團茶)였을 가능성을 말해 준다. 또 『조선의 차와 선』(모로오카 다모쓰, 이에이리 가즈오 공저, 김명배 번역, 1991, 도서출판 보림사)에는 "'금릉월산차(金 陵月山茶)'라고 하는 목판이 옛날에 만들어지고 있었으나, 영암군 미암면 봉황리의 이낙림(李落林)이라는 사람이 가 지고 갔다."(268~269쪽)고 하고, 금릉월산차의 후속인 '백 운옥판차' 제다와 포장에 관하여 아래와 같이 적고 있다 (269~270쪽).

찻잎은 곡우(穀雨)에서 입하(立夏)까지(양력 4월 중순부터 5월 상 순)에 딴 것이 가장 좋다. 따는 시기 및 만드는 방법에 따라서 위 것, 가운데 것, 아래 것이 있다면서 견본을 보여 주었다. 냄새는 보통의 조선차로 풍미 같은 것은 없다. 온돌 냄새가 난다.

가마에서 덖는(또는 시루에 쪄서) 정도는 차가 푸른색을 잃었을 무렵 불을 멈추고 손으로 조금 비벼서 온돌에 한 시간쯤 말린다. 그때 온돌의 온도는 보통이다.

포장 방법은 소나무 재목의 틀(세로 일곱 치 엿 푼-약 25cm, 가로 폭 세 치 닷 푼-약 12cm, 복판에 세로 다섯 치 두 푼-약 18cm, 폭 두 치-약 7cm, 깊이 일곱 푼쯤-약 2cm의 구멍을 뚫은 것)에 넣는다. 틀에 넣고 포장하는 방법은 천으로 된 끈을 놓고, 그 위에 포장지를 깔고, 대나무를 비자나무에 접어서 굽힌 것을 넣고 … 그 속에 정량의 차(60g)를 넣는다. 그러나 완전히 마른 차는 포장할 때 무너질 염려가 있으므로, 솔잎으로 마른 차에 물을 조금 뿌리고 위에서 손으로 잘 누른다.

위의 예문은 백운옥판차 역시 덖거나 찐 찻잎을 가볍게 비비고 말려서(완제된 찻잎에 수분을 남긴 상태로) 나무틀에 넣고 (마른 차는) 솔잎으로 물을 뿌리고 위에서 손으로 눌러서 단차(團茶)로 만들었음을 말해 준다. 단차 복판에 나

무틀 형태에 따른 공간을 둔 것은 단차를 덩어리째 들어
내기에 편리하도록 한 것이라고 할 수 있다. 이는 또한 범
해의 시 「초의차」에 나오는 '백두방원인(栢斗方圓印)'이라는
문구가 암시하는 초의차의 단차 형태와 맥락을 같이한다.

지금까지 알려진 바로는 백운옥판차는 일제 강점기에
강진 월출산 백운동 근처에 살던 이한영이 제다한 것이라
고 한다. 또 이한영은 1830년 다산으로부터 '다산 차떡' 제
다를 지시받은 이시헌의 후손이라고 한다. 일부에서는 이
러한 사실을 들어 백운옥판차가 다산차를 계승한 것이라
고 주장하고 있다. 그러나 이시헌이 만든 차는 삼증삼쇄
연고 녹차이고, 오늘날 강진 이한영전통차문화원에서 내
놓고 있는 백운옥판차는 잎차(散茶)여서 백운옥판차가 이
시헌이 만든 다산차(다산 차병)나 이한영의 단차(團茶)를 계
승한 것이라고 볼 수 없다.

위 다산차 제다와 차종류의 특성 분류표를 참고로 하
여 오늘날 시대적 요구에 맞는 강진 전통차 계승의 방안
을 찾는다면, 늦게 딴 비교적 큰 잎(晩茶)으로도 구증구포

한국 茶의 진실

를 통해 질 좋은 녹차(散茶나 團茶 또는 硏膏茶)를 만들 수 있다는 것이다. 이는 양산(量産)을 통한 가격 경쟁력 확보에도 유리하다. 이를 녹차 단차로 만들거나 곱게 갈아서 말차 또는 '다산 차병'을 만들어 현대적 요구에 맞게 활용하는 방법이 있을 수 있다. 구체적이고 실체적인 방법에 대해서는 후속 추가 연구 과제로 남긴다.

다산 제다 초기의 구증구포 등에 의한 녹차 지향성은 다산 제다 중기에서도 지속된다. 여기서 곡우 날 어린 차(嫩茶)를 불에 쬐어 말려 만든 한 근의(焙作一斤) 차는 백차(白茶)류이다. 명나라 전예형(田藝蘅)은 『자천소품(煮泉小品)』에서 "싹차(芽茶, 잎차)는 불로 만든 것이 버금가며 날잎을 햇볕에 쬐어 말린 것이 으뜸인데 역시 자연에 더욱 가깝고 또한 연기불의 기운과 단절되었기 때문이다. 하물며 불로 만들 때는 만드는 사람의 손이나 그릇이 더럽거나 불길 맞추기가 마땅치 못하게 되면 모두 그 향기와 빛깔이 손상된다."고 했다.[44] 다산도 제자들에게 일쇄차(日晒

----

44 당나라 육우의 『다경』(제5장 차 달이기)에는 "볕에 말린 차(日晒茶, 日乾茶)"가 보인다. 또 명나라 도융(屠隆)이 남긴 『다전(多錢)』의 "햇볕에 쬐어 말린 차(日晒茶)"조에 "차는 햇볕에 쬐어 말린 것이 보다

茶)를 만들도록 한 기록이 있다. 다산이 1823년 마재로 찾아온 제자 윤종삼(尹種參)과 윤종진(尹種軫)에게 기념으로 써 준 친필 글씨 속에 나오는 대목이다.

"올 적에 이른 차를 따서 말려 두었느냐?"
"아직 못했습니다."**45**

다산의 중기 제다에서 곡우 날 찻잎을 불에 쬐어 말린 제다법은 일쇄차(日曬法)에서 진일보한 화배법(火焙法)**46**으로서, 일쇄 제다의 백차가 찻잎을 햇볕에 말리는 과정에서 산화되는 문제를 해결하여 녹차로서 신선한 다신(茶神)이 보전된 백차를 제다하는 방법이다. 이는 국내외의 다른 차 관련 기록에는 보이지 않으므로 다산이 창안한 제

훌륭하다."고 적혀 있다. (정동효 · 윤백현 · 이영희, 『차생활문화대전』, 홍익재, 2012.)

45   정약용, 「여금계기숙」: "來時 摘早茶付曬否? 曰未及" 윤영상 소장. 정민, 『새로 쓰는 조선의 차문화』, 김영사, 2011, 124~125쪽.

46   배쇄(焙曬)라는 말은 1805년 4월 다산이 혜장에게 보낸 걸명시 「혜장 상인에게 차를 청하며(寄贈惠藏上人乞茗)」에 제다를 설명하는 말(焙曬須如法)로 나오고, 이에 대한 혜장의 답시 「答東泉」에도 "但其焙曬如佳 謹玆奉獻也(다만 불에 말리고 햇볕에 쬐기가 잘되면 삼가 받들어 올리겠습니다)"라는 구절에 나온다.

다법이라고 할 수 있다. 화배법(火焙法)은 덖음차 제다법인 초배법(炒焙法)과 유사하나, 다산차의 경우 곡우 날 딴 어린잎(嫩茶)이어서 센 불로 덖기(炒, 또는 볶기)보다는 약한 불에 쬐어 약 살청과 말리기(焙)를 겸했을 것이다. 또는 배쇄법(焙晒法)이라고 하여 '배(焙)'의 공정만 거친 것에 습관적으로 '쇄(晒)'라는 말을 붙였거나 배(焙)의 과정에서 찻잎 겉에 남은 물기를 밖에서 말리는 과정을 더 거쳤을 수도 있다.

이런 사실에 비추어 보면, 한국 제다사에서는 초의가 『다신전』을 통해 명대의 초배법(炒焙法)을 소개하기 전에 초배법보다 선진적인 증배법 및 화배법(火焙法, 焙曬法)이 사용되고 있었다고 할 수 있다. 또 화배법이 사용된 점에 비추어 다산에 의해 또는 대중지성에 의한 자연발생적으로 화배법의 진전인 초배법도 사용되었을 가능성도 있다.

초기의 배쇄(焙曬) · 구증구포(九蒸蒸曝) · 증배(蒸焙) 단차(團茶) 및 중기의 배(焙, 晒) 백차(白茶) 제다와 함께 후기의 삼증삼쇄(三蒸三曬) '다산 차병(茶山 茶餅)'[47] 제다 역시 중국 제다사에서는 찾아볼 수 없는 한국 제다사 특유의 제다법과 차 종류라고 할 수 있다. 다산 차병(茶山 茶餅) 제다는 앞 초기와 중기 및 이전의 차에 관한 다산의 경험과 지식이 집대성된 결실이라고 할 수 있다. 거친 잎 녹차 단차 제다의 구증구포 증포법, 어린잎 고급 녹차 산차 제다의 배쇄법 및 차종류의 지향이 삼증삼쇄 연고차 제다로 묘합·수렴되었다고 볼 수 있기 때문이다.

앞의 '3-나-2)항'에서 보았듯이 다산 차병 제다에서는 실사구시의 철학자이자 과학자였던 다산이 차에 있어서 추구했던 창의성과 그에 따른 실효성을 파악할 수 있다. 다산 차병의 특성과 장점을 한마디로 표현한다면 산화 변질되지 않는, 차의 본래성을 항상(恒常)되게 유지하는 높은 효능의 고품질 녹차라는 것이다. 다산 차병을 떡차(餅茶)가 아닌 '차떡(茶餅)'으로 만든 것은 포장 및 운반상 편의

---

47 다른 떡차(餅茶)류와 구별하기 위해서 다산이 지칭한 '차떡(茶餅)'의 의미를 존중하여 '다산 차병'이라 부른다. 다산은 1830년 이시헌에게 보낸 편지에서 일반 병차와는 판이하게 다른 제다법을 지시하면서 일관되게 '차병(茶餅)'이라는 이름을 사용하였다.

외에 삼중삼쇄하여 말려서 가루를 낸 것은 지나치게 강한 기운을 누그러뜨리면서도 더 이상 산화 변질되지 않도록 한 지혜의 발휘였다. 이는 후기 연고차가 진액을 거의 짜내어 '건강 수양 음료'로서의 차의 효능을 발휘하지 못한 것과 비교되면서 오늘날 가루녹차인 말차보다 선진적 차였음이 입증된다고 할 수 있다.

다. 강진 전통차 계승의 모델 제시

한국 전통차로서 현대적 계승의 가치가 있는 다산차의 특성·창의성·다양성을 보여 주는 모델로, 본 연구 과정에서 실험적으로 제다한 '다산 차떡'의 제다 공정 및 점다의 내용에 관하여 ③-1 고급 녹차로서 연고차, ③-2 고급 산화발효차로서 연고차 등 두 사례를 관련 사진과 함께 설명하여 제시한다.

③-1 : 茶山 茶餠(차떡) 연고 녹차

(아래는 다산 차떡 연고 녹차를 점다하여 격불한 모습)

위 ③-1은 다산이 이시헌에게 가르친 다산 차떡 제다 법인 삼증삼쇄하여 곱게 갈아 샘물로 이겨 떡으로 만들어 건조시킨 것이다. 곡우 무렵의 어린잎(嫩茶)이므로 구증구 포가 아닌 삼증삼쇄로써 충분히 살청한 것이고, 바짝 마른 찻잎을 미세하게 갈아 물에 반죽하며 찻잎 가루 표면 에만 묻은 물이 접착제 역할만 하고 찻잎 속으로 스며들

한국 茶의 진실

지 않아서 건조 과정에서 추가 산화 또는 가수분해 현상
을 일으키지 않고 신속히 마른다. 이 차떡 덩이를 찻잔 안
에 넣고 점다(點茶)식으로 물방울을 떨어뜨리면 덩이가 서
서히 풀리면서 죽처럼 된다. 이를 일본 말차 마시는 방법
으로 격불하면 흰 거품이 일겠지만, 다산은 그대로 죽처
럼 마셨다.

카테킨이 충분히 보전돼 있어서 약간 쓰고 떫은맛이 나
지만, 삼증삼쇄한 결과로 예상보다 쓴맛이 강하지는 않
다. 대신 녹차의 신선한 향과 맛이 잘 보전돼 있다. 이 차
떡 덩이를 조금씩 갈라서 포다법(泡茶法)으로 우려 마시면
잎녹차보다 진하고 깔끔한 향과 맛이 난다. 미세한 가루
여서 온전한 잎녹차에 비해 침출면적이 대폭 넓어졌기 때
문이다. 이런 점들이 다산 차떡을 오늘에 재현하여 계승
할 만한 가치에 해당한다고 생각된다. 떡차(餠茶)를 불에
굽고 가루 내어 달여 내는 전다법(煎茶法)의 번거로움에서
벗어나 점다법(點茶法)이나 포다법(泡茶法)으로 훨씬 효율적
으로 우려낼 수 있다.

③-2 : 다산 차병 연고 산화발효차

(아래는 泡茶法으로 우린 모습)

한국 茶의 진실

③-2는 ③-1과 똑같은 공정인데, 모차(母茶)가 반산화 발효차(차종류 청차)로서 ③-1의 녹차와 차종류가 다른 것이다. 이는 현대의 기호성 산화·발효차류 선호 추세에 따라 다산 제다의 창의성을 활용해 본 것이다.

즉, 요즘 거론되는 병차 또는 보이차를 비롯한 떡차·단차류가 거칠고 젖은 잎을 덩이로 만든 탓에 불완전 건조로 인해 도중에 바라지 않던 방향으로 향과 맛이 변질돼 버린 문제를 해결하고, 명말청초에 나온 덖음방식 산화차 제다원리에 따라 원하는 정도의 정상적인 산화에 그치도록 하며, 이것을 다산 차병 제다법에 따라 미세한 분말로 갈아서 분말 겉표면에 물을 접착기능용으로 묻혀 덩이차 내부를 진공화하는 방법으로써 불완전 건조 문제를 해결하여 산화차의 향과 맛의 항상성(恒常性)을 유지하도록 했다. 그냥 잎차로 우린 것보다는 향과 탕색이 훨씬 강했다. 미세 분말이어서 침출 표면적이 훨씬 넓어진 탓에 깊은 향과 맛이 우러나온 것으로 보인다.

이 밖에 여타 다산차의 현대적 활용 방안에 대해서는

그 부분에 특화 집중하여 심도 있는 연구를 할 필요가 있기에 추가적 연구의 과제로 남긴다.

라. 다산의 다도정신

차에는 다도(茶道)라는 차문화가 따라붙는다. 다도는 모든 식음료 중 차에만 수반되는 문화양상으로서 차 성분의 효능에 기인하여 차의 차별성을 돋보이게 하는 요소이다. 강진 전통차의 계승이란 제다법이나 단순한 완제품으로서 외형적이고 물질적인 차뿐만 아니라 강진 전통차 제다 및 음다 과정 전반에 스며 있는 차정신까지를 포괄하는 전통 차문화로서의 계승이어야 한다. 따라서 강진 전통차 계승의 또 다른 과제로서 강진 전통차의 차정신, 즉 다산이 강진 차의 제다(製茶)와 음다(飮茶) 등의 찻일(茶事) 과정을 통해 배양하고 실천하고자 했던 마음자세나 정신적 지향이 어떠했는지를 살펴봐야 한다.

다도정신이란 '제다에서 포다, 음다'의 과정을 통해 차의 도움으로써 심신을 수양하고 선한 본성을 배양하여 사회에 실천하고자 하는 시대적 이념 또는 원만한 사회생활을 위한 사상적 지침이라고 할 수 있다. 따라서 다도사상이란 제반 찻일(茶事)을 통해 심신에 체득되는 과정을 필요로 한다. 또 심신에 체득되는 과정은 제다에서 포다에 이르는 공정에서의 현장 실천 및 음다 명상을 통한 배양 과정으로 나눠 볼 수 있다.

다산의 다도사상을 파악하기 위해서는 다산이 유학의 개혁을 지향한 실학자였다는 점에서 당시 성리학의 최고 이념이었던 성(誠)을 강진 차를 통해 어떤 모습으로 실천하고 구현하고자 했는지를 확인해 보는 것이 관건이다. 또 다도는 근원적으로 수양론적 성격을 담지하고 있다는 점에서[48] 다산의 다도사상을 다산의 수양론과 연계하여 파악해 볼 수도 있다.

다산은 당시 조선의 통치이념이자 지배적 가치관인 성

---

[48] 다도라는 말은 당대 봉연의 「봉씨견문기」에서 처음 사용되었고, 그 의미가 교연의 시와 노동의 「칠완다가」에서 득도라는 수양론적 개념으로 제시되었다. 또 도(道)는 유·불·도가 사상에서 수양을 뜻하는 용어로 쓰인다.

리학이 이상적인 인격인 성인(聖人)을 달성하는 데 한계가
있다고 판단하고 사회적·실존적 위기를 극복하기 위해
독자적인 수양론 체계를 구성하였다. 다산은 수양론의 방
법론에 있어서 신독(愼獨)·서(恕)·성의(誠意)·경(敬)을 중
시했는데, 성리학자들이 서(恕, 공자의 一以貫之)를 윤리적
원리가 아닌 형이상학적 원리로 해석함으로써 일생생활
에서의 행동방식과는 아무런 상관도 없는 것으로 만들었
다고 비판했다.[49] 다산은 임·병 양란 이후 민생이 어렵고
사회질서가 문란한 상황에서 유학자들이 실천행위가 결
여된 성리학의 학문에서 탈피하지 못한 채 심리수양만 중
요시한 것을 비판한 것이다.

　　다산은 유학에서 추구하는 자기 수양의 핵심을 힘써서
행함(力行)을 통해 마음을 다스리는 것이라고 보았다. 즉,
마음을 다스리는 수양(內省的 修養)은 수양에 합당한 행위
의 실천이 이루어지는 경우에만 성립된다는 것이다. 그러
므로 마음을 기르고자(養性) 하되, 마음을 구속하는 행위

49　『여유당전서』, 2.2, 19b.

의 실천 없이 마음이 닦아질 수(修心) 없다는 것이다.**50** 이를 '행사적 수양(行事的 修養)'이라고 한다. 행사적 수양은 '실제적인 삶의 도덕적 상황에서 가치를 실천하는 수양'을 의미한다. 이는 삶의 문제를 초월하여 이루어지는 내성적 (內省的)인 수양이 아니라 생활 중에 직면하는 도덕적 문제 사태에서 가치와 도리를 각성하고 실천하는 수양을 의미한다.

다산은 행사적 수양론의 입장에서 신독(愼獨)을 동시(動時)의 수양이라고 강조하며, 성의(誠意)나 경(敬)도 인간관계의 도리와 규범을 적극적으로 실천하는 행사적 수양이라고 간주한다. 다산은 내성적 수양과 행사적 수양의 동시적 필요성 중 행사적 수양을 강조한 것이다. 성(誠) 이념 배양을 위한 다산의 행사적 · 실천적 수양방법론에 관해서 아래의 글을 참고할 만하다.

다산은 『대학』과 『중용』의 해석에서 성(誠)을 신독(愼獨)과 동일시하였다. 계신공구(戒愼恐懼)를 핵심으로 하는 성(誠)은 수양(修

---

50   최성민, 『마음 – 비우 · 채우기 · 기르기』, 책과나무, 2022, 283~284쪽.

養)의 측면에서 자아성찰, 덕(德)의 구현, 초월적 존재에 대한 외경(畏敬)이 특징이다. 자아성찰에 초점을 둔 수신(修身)에 더하여, 그는 덕(德)의 실현을 위해 인간관계에서의 구체적 실천을 강조하고, 나아가 외경(畏敬) 대상으로 상제천(上帝天)을 강조함으로써, 인간은 왜 도덕적으로 살아야 하는가의 근본적 물음에 대해 성찰하게 해 준다. 다산의 성(誠) 수양은, 개념에 집착하는 현대인들에게 개념을 새롭게 구성하고 개념을 넘어섬으로써 인간의 본질을 성찰할 수 있게 해 준다는 점에서 의미가 있다. 더불어 도덕교육에서 이러한 수양법으로, '청소년들의 명상과 집중을 통한 자아성찰', '관계성의 본질에 대한 파악을 통한 덕의 실현', '초월적 존재에 대한 외경성의 함양을 통한 겸손과 공경'을 가르칠 수 있다는 점에서 그 의의를 찾을 수 있다.[51]

이와 같은 이론적 바탕 위에서 다산의 다도정신을 실증적으로 파악할 수 있는 자료로서 「걸명소」와 「다신계절목」을 살펴보자. 「걸명소」에서 다도정신과 관련된 부분은 내성적 수양 방법(다도 명상을 통한 다도정신 배양)의 지침으로

---

51 장승희. 한국도덕윤리과교육학회. 『도덕윤리과교육』 제35호. 2012.04. 초록

서, 「다신계절목」에서는 다산의 다도정신의 행사적 수양 (실천을 통한 체득)의 장으로서의 성격을 고찰해 보자는 것이다.[52]

먼저 「걸명소」의 해당 부분을 살펴보자.

나그네는 / 근래 茶饕가 된 데다 / 겸하여 약용에 충당하고 있다네 / 글 가운데 묘한 깨달음은 / 육우의 『다경』 세 편과 온전히 통하니 / 병든 숫누에는 / 마침내 노동의 일곱 사발 차를 마셔 버렸다오 / … / 아침 해가 비추어 비로소 일어나니 / 뜬구름은 맑은 하늘에 환히 빛나고 / 오후 잠에서 갓 깨어나자 / 밝은 달빛은 푸른 냇가에 흩어진다…[53]

다산이 다도(茶饕)가 되어 차를 매우 좋아한 까닭은 차

---

52 초의는 『동다송』(제60행 註釋)에서 다도를 "채진기묘~포득기중"으로 규정하고, 뒤에 음다지법으로서 "독철왈승~칠팔왈시"로 소개하여 각각 행사적 다도수양(行事的 茶道修養) 및 내성적 다도수양(內省的 茶道修養)의 장면으로 제시하였다.

53 旅人 / 近作茶饕 / 兼充藥餌 / 全通陸羽之三篇 / 病裏雄蠶 / 遂竭盧仝之七碗 / … / 朝華始起 / 浮雲晶晶乎晴天 / 午睡初醒/明月離離乎碧磵.

가 약용도 겸했지만 『다경』에서 말한 오묘한 깨달음을 얻게 해 주기 때문이니, 차를 노동이 '칠완다가'에서 표현한 바와 같은 득도의 음료로 마셔 버렸다고 했다. 또 아침 해가 비추어 비로소 일어나니, 뜬구름이 하늘에 환히 떠 있고, 오후 잠에서 막 깨어나니, 밝은 달빛이 푸른 냇가에 흩어진다고 하여 자연의 청기(淸氣)가 충만하여 차 마시기 좋은 때를 말했다.

이때 차를 마시는 일은 초의가 『동다송』에 소개한 「음다지법(飮茶之法)」의 '독철왈신(獨啜曰神)'[54]에 해당한다. 이런 표현들은 다산이 차를 약용뿐만 아니라 수양의 매체로서 마셨음을 알게 해 준다. 여기에서는 동양사상 전반에 존재론으로서 포진(布陣)된 기론적 수양의 요소가 보인다. 이는 음다 명상을 통한 다도정신의 배양이라는 내성적 수양(內省的 收養)의 측면으로 파악될 수 있다.

---

54 차를 홀로 마심은 다신(茶神)이 음다인의 심신의 기(氣)를 신(神)의 단계(정→기→신)로 승화시켜서 그 신의 신통력과 더불어 자연의 청기(淸氣)와 공명케 함으로써 자연합일의 득도의 경지(신)에 이르게 한다는 의미.

다산의 다도정신의 성격 및 현장 실천을 통한 다도정신 체득의 장면, 즉 행사적 수양(行事的 收養)의 측면을 확연히 알 수 있게 해 주는 자료는 「다신계절목」이다. 우선 '다신계'라는 명칭에서 차(茶)와 신의(信義)의 수양론적 상징성을 파악할 수 있다. 『설문해자』에 따르면 신(信)은 '人+言'이고 성(誠)은 '言+成'이다. 둘은 각각 사람의 말의 중요성, 말을 이루는(지키는) 일의 중요성을 뜻하는 한자로서 같은 의미이다.

즉, 신(信)은 성리학의 최고 이념인 성(誠)과 같은 의미이다. '다신계'라는 명칭은 차의 덕성이 신(信, 誠)이라는 의미와 함께 차의 덕성을 본받아 신의를 지키는 모임이라는 의미라고 할 수 있다. 또 다산이 '다신계'를 중심으로 꾸준하게 각종 제다법과 차종류를 창안하고 발전시킨 과정에 일이관지(一以貫之)된 맥이 녹차로서 변하지 않는 차의 본래성을 추구한 것임을 볼 때, 차(茶)와 차사(茶事)를 통해 신(信)과 성(誠)을 확인하고 함양(涵養) · 체득(體得)하고자 했음을 알 수 있다.

「다신계절목」 서문 격인 '첨의(僉議)'에는 "사람에게 귀한 것은 신의가 있는 것이다. 무리로 모여 서로 즐거워하다가 흩어진 뒤에 서로를 잊는 것은 금수(禽獸)의 도리이다."라고 하였고, 말미 '다산 발문(跋文)' 대목에서는 다산이 강진 유배 생활 초기에 백성들이 모두 두려워해서 문을 부수고 담을 헐면서 편안히 지내는 것을 허락하지 않은 상황에서 좌우가 되어 준 송병조(宋秉藻)와 황상(黃裳) 등 6인의 이름을 각별히 거명하여 인간적 신의의 표상이었음을 강조하였다. 이런 점에서 다산이 다산 제다 후기에 녹차로서 차 본래의 차성을 오랫동안 산화갈변되지 않게 유지하는 고급 녹차 '다산 차병'을 창안하여 대미를 장식한 것은 상징성이 매우 크다고 하겠다.

다산이 성(誠)과 신(信)을 동일시하고 중시했음은 그의 역작 『주역사전(周易四箋)』에서도 확인할 수 있다. 우선 『주역사전』 건괘(乾卦)의 괘사(卦辭) 원형이정(元亨利貞) 중 형(亨)자 풀이와 중부(中孚)괘(䷼)의 부(孚)자 풀이에서 다음과 같이 말하였다.

한국 茶의 진실

亨者 通也, 感而遂通也 离虛其心 爲誠爲信(見中孚) … 其在乾卦 雖
無离形(卦無斷) 於离之位(一 二 三) 三陽自强此 至誠無息也 則感而
遂通

형(亨)은 통(通)함의 뜻이니 감응하여 마침내 통하는 것이다. 离
(괘)는 마음을 비운 것이니, 성실함(誠)이 되고 믿음(信)이 된다(中
孚卦를 참조할 것). … 건괘에는 卦의 모습에 끊어짐이 없어서 비
록 离의 형태는 없지만 离의 자리에서 (1·2·3位는 본래 离位) 세 개
의 양(陽)이 스스로 굳세니 이것이 이른바 '지극정성은 쉬지 않는
다'이다. 즉 하늘을 감동시켜 마침내 통하게 되니…**55**

朱子曰 孚字 從瓜從子 如鳥抱子之象 … 交之中孚則 大离之信 (兼
劃离) 洞然中虛 (三四柔) 此之謂 中孚也.

주자가 말하였다. 孚자는 손톱 瓜자와 아들 子자의 결합이니, 마
치 새가 새끼를 품고 있는 상과 같다 … (大過卦로부터 交易하여)
중부괘가 되면 대리(大离)의 믿음이 있어서(중부괘를 겸획하며 离
의 형태) 그 (마음) 한가운데 확 트여 있으니 (제3, 4위의 柔) 이것을

55 다산 정약용 지음, 방인·장정욱 옮김, 『역주 주역사전1』, 소명출판, 2013,
    231쪽.

일려 중부라고 한다.**56**

    즉, 주역 8괘 중 离괘(☲)는 가운데효가 중간이 단절돼 마음을 비운 것과 같으니, 성(誠)과 신(信)의 의미가 있다. 중부(中孚)괘(䷼)의 1–2, 3–4, 5–6효를 각각 한 효씩으로 겹쳐 놓으면 离괘(☲)와 같은 상이 되니 중부(中孚)괘는 큰 离괘(䷛), 즉 큰 믿음이 있는 것인데, 그 가운데(中)가 확 트여 있어서 중부(中孚)라고 했다는 것이다. 부(孚)라는 글자는 새가 새끼를 품고 있는 형상이어서 신(信)의 의미이고 중부(中孚)괘(䷼)는 '큰 믿음'의 의미를 갖는다. 이런 연유에서인지 다산은 초의의 자(字)를 '중부(中孚)'라 지어 주었다. 이처럼 '다신계'와 '중부'의 말뜻을 통해 다산이 성리학의 최고 이념인 성(誠)과 신(信)을 중시하여 강진 유배 시절 다도정신으로 삼았음을 이해할 수 있다.

    다산을 시간적으로 전후한 한재와 초의가 각각 '경지'의 다도와 '과정'의 다도만을 언급한 데 대해 다산이 내성적 수양 및 행사적 수양을 모두 다도에 포함시킨 내력을

---

56   위 책 7권, 24–25쪽.

                                          한국 茶의 진실

살펴봐야 한다. 다산은 한재와 같은 극한적 정치 · 사회적 상황에 놓여 있었고, 실학자로서 실사구시적 실천의 중요함을 알았다. 또 귀양객이면서 체증이 심하여 차를 필요로 했는데, 마침 머물게 된 다산초당에 야생차가 많아 아예 호를 '다산(茶山)'이라 짓고 제다와 차생활에 전념하게 되었다.

다산은 해배(解配)되기 2년 전인 1817년 『경세유포』 안에 「각다고」를 넣어 국가의 차 전매제도에 의한 국부론을 주장하기도 했다. 차에 대한 남다른 인식을 보여 준 것이다. 차와 관련하여 이처럼 개인적 사회적 국가적 과제를 인식하고 있었던 실학자이자 발명가였던 다산은 그런 맥락에서 한재의 '경지'에 '행사적 수양'이라는 과정적 실천을 더해 '한국 수양다도'의 빈칸을 채운 것이라고 할 수 있다. 이런 점에서도 다산은 한국 전통 차문화의 창시자이자 부흥조라고 할 수 있겠다.

이상과 같은 서사(敍事)에서 알 수 있는 것은 다산이 제자들로 하여금 '다신계'를 결성하도록 한 취지가 모임을 이루어 함께 차를 만들고 글을 짓는 일을 통해 인간적 신의를 다지고 유지하도록 한 것으로서, 찻일(茶事)을 통한 다산의 행사적 수양론의 한 모습이라고 할 수 있다.

중요한 문제는 '다신계'를 통해 표출된 다산의 이러한 다도사상을 강진 전통차 홍보와 대중화를 위한 스토리텔링으로 활용하는 방법이다. 더 세밀하고 실용적인 방법은 추가적인 연구의 과제로 남긴다. 다만 한 예를 제시한다면 현행 강진차인엽합회를 현대판 '다신계'로 이름을 덧붙여 「다신계절목」을 포함하여 위 ①, ②, ③의 제다를 다신계 정신에 따라 실천하고 축제 행사로 확대시켜 나가는 방안이 있을 수 있겠다.

마. 강진 전통차의 현대적 계승 필요성과 그 방안

이상에서 파악된 바와 같이 강진 전통차는 야생차 산지라는 강진의 자연입지적 특성에 다산이라는 특출한 실학자이자 발명가의 창의성이 더해져 한국 제다사를 독창성과 다양성으로 채운 노정(路程)의 결실이다. 오늘날 한국

한국 茶의 진실

차농과 차산업이 전통 차문화의 정체성 상실로 말미암아 위기를 겪고 있는 국면에서 강진 전통차를 한국 전통차와 전통 차문화의 원형으로 선양하는 노력은 여느 때보다 절실하다고 하겠다. 강진 전통차 선양 방안은 두 측면에서 강구되어 하나로 통합될 필요가 있다.

첫째는 다산이 세 구간의 시기(초기·중기·후기)에 걸쳐 창안하여 닦아 낸 구증구포 단차(團茶: 늦은 찻잎으로 만든 대량생산용 녹차), 배(焙, 曬) 엽산차(葉散茶: 곡우 무렵 어린잎으로 만든 白茶) 및 고급 병차(餠茶 또는 團茶, 입하 전 晩茶로 제다한 차), 삼증삼쇄 다산 차병(茶山 茶餠: 고급 녹차 研膏茶)을 오늘에 재현해 내는 일이다. 이 세 종류의 차는 차의 본래성 보전 원칙에 따라 제다된 것으로서 대중성과 고급성, 단차·산차·말차의 형태적 다양성으로써 상업성을 갖춘 것이어서 산업적으로 부양(浮揚)시킬 가치가 있다고 판단된다. 우선 강진 전통차를 한국 전통차로서 선양하는 구체적인 실천 방안은 현재 운영 중인 강진 명차 품평대회나 강진 차문화학술대회를 확대 개편하여 전국적인 전통 차문화캠프 행사로 탈바꿈시킬 필요가 있다.

둘째는 차와 불가분의 관계로 차소비 확충의 문화적 기반이 되고 차산업 진흥의 영양제가 되는 스토리텔링으로서 다산의 다도정신을 차에 담아 구현해 내는 도구로서 '강진차 다도'(다산다도)의 정립이다. 다산다도는 다산이 '다신계'를 결성하도록 한 취지가 차모임체와 차생활 실천을 통해 신의(信義)를 배양하도록 한 데에서 의의를 찾을 수 있다. 반자연, 인간관계의 상극화(相剋化) 시대인 오늘날 다산의 신(信)과 성(誠)을 추구하는 수양론적 다도정신은 우리의 극심한 마음고통을 치유하여 인간 본성을 회복시키는 치료제가 될 수 있다. 이런 강진차 다도(다산다도)를 실천하는 현실적인 방안은 오늘의 '다신계'를 결성하여 「다신계절목」의 현대판 버전으로서 운영하는 것이 하나가 될 수 있다. 이미 결성돼 운영 중인 강진차인연합회가 중심이 되어 현대판 다신계를 전국적 조직으로 확대하는 방안을 모색해 볼 필요가 있다.

위 두 방향의 강진 전통차 선양책은 결국 하나의 큰 흐름으로 통합되어 나아가도록 하는 게 바람직하다. 전통차와 전통 차문화는 동전의 양면과 같기 때문이다. 문제는

한국 茶의 진실

이 의제를 지자체 지원의 지역축제에서 국비 지원의 전국 또는 세계 축제화하는 것인데, 이에 관한 구체안은 또 다른 연구 과제로 남긴다. 여기에는 내년에 개최 예정인 하동 세계차엑스포나 보성에서 열리고 있는 보성세계차축제의 미비점을 반면교사로 삼을 필요가 있겠다.

이와 함께 다산초당이나 사의재 등 유서 깊은 장소를 택하여 강진 전통차 성역화 사업을 벌일 필요가 있다. 이를 통해 강진을 한국 전통 차문화의 발상지로 만들고 단기 · 중기 · 장기 계획으로 강진에 넓게 산재(散在)해 방치된 야산을 야생차(野生茶)로써 다산화(茶山化)하여 강진 전통차 원료 공급원 겸 '강진차 힐링 다산수목원'으로 활용하는 방법도 구상해 볼 필요가 느껴진다.

III
결론

| 강진 다산차는 한국 전통차의 원형,
| 다산의 독차 고수 정신 본받아야

　한국 전통차와 전통 차문화의 정체성 상실이 한국 차농과 차산업의 위기로 이어지고 있다. 이런 국면에서 강진 전통차의 정체성 탐구는 곧 한국 전통차의 원형 복원과 계승을 위한 핵심 작업이자 한국 차의 위기 돌파를 위한 대안 마련이라고 할 수 있다.

　다산이 강진 유배기에 자신의 호를 '茶山'이라 하고 다산초당에 들면서부터 본격적으로 시도한 강진 전통차 제다는 이전의 중국 제다의 이론을 섭렵한 후『부풍향차보』와『기다(記茶)』에 기록된 한국 전래 제다의 다양성을 취합하고, 여기에 실학적 발명가 다산 특유의 독창성을 가미하여 한국적 전통 제다의 원형을 창시한 것이었다. 다산이 다산초당 시절과 해배 이후 창안해 낸 창의적이고 다양한 제다법과 차 종류 및 특성은 일찍이 중국과 일본의 제다사나 차문화사에 없었던 것이다.

이번 연구로 밝혀진 다산의 강진 전통차 제다의 시기별 구분에 따른 차 종류와 특성은 아래와 같다.

• 다산 제다의 시기별 구분에 따른 차종류와 특성

1) 초기

① 焙曬 團茶(1805년 혜장에게 보낸 '이아암선자걸명소(貽兒菴禪子乞茗疏)'에서 '焙曬須如法侵漬色方瀅' 불에 쬐어 말리기를 제대로 해야 물에 담갔을 때 빛이 해맑다)

② 九蒸九曝 團茶(다산의 시 「범석호의 丙午書懷 10수를 차운하여 淞翁에게 부치다」, 이유원의 『임하필기』 중 「호남사종」, 『가오고략』 중 시 「죽로차」)

③ 蒸焙 團茶(이규경의 『오주연문장전산고』 「도차변증설」, 동국문화사 영인본, 1955, 권56 제4책 809면) (有萬佛寺出茶 丁茶山鏞謫居時 敎以蒸焙爲團 作小餅子 名萬佛茶而已. … 東人之

飮茶 欲消滯也) → (보림백모)

2) 중기

① 焙作一斤 잎차(白茶) 및 蒸焙(蒸曝, 蒸曬) 餠茶(團茶)(1818
   년 「다신계절목」의 기록)

② 晒作 잎차(白茶) ("來時 摘早茶付晒否? 日未及", 1823년 마
   재로 찾아온 제자 尹種參 · 尹種軫에게 써 준 친필)

3) 후기

三蒸三曬 '茶山 茶餠'(연고 녹차)(1830년 이시헌에게 보낸 편지)

이번 연구에서는 또 다산이 제다와 차종류에서 발휘한
창의성 못지않게, 그것들에 기반한 다도정신을 信(誠)으
로 내세워 매우 중시했음이 확인되었다. 즉 다산이 고도
의 정성을 들여 녹차 제다에 일관하고 그것을 후기에 '다
산 차병' 제다로 결실케 한 것은, 녹차가 차의 본성과 항
상성(恒常性)을 유지하는 차라고 판단했기 때문이다. 다산
은 녹차 제다에서 만물(사물과 인간)의 선성(善性)과 항상성
(恒常性)의 의미로 신(信)과 성(誠)을 파악하고, 다신계와 제
자들의 제다를 통해 그 정신을 배양하고 실천하는 행사적
수양을 도모했던 것으로 파악된다.

그러나 한국 차계와 차학계 일부에서 내세우고 있는 한국 차문화 불교중심설과 한국 차 중흥조 논쟁의 사실 왜곡이 한국 제다사에 선연하게 기록된 다산의 제다와 다산차의 자리를 덮고 지우는 역할을 해 오고 있다. 이런 상황에서 이 연구의 결과로 다산 제다의 창의성과 다산차의 특성 및 다양성, 다산의 고결하고 뚜렷한 다도정신 제창 등 강진 전통차의 정체성이 깊고 넓게 파악되었다.

이 연구의 결과는 한국 제다사에서 차지하는 비중으로 볼 때도 그렇고, 제다와 차 종류의 독창성 및 다산의 남다른 다도정신 제창 면에서 강진 전통차가 한국 전통차의 원형이자 계승되어야 할 정통적 가치를 지니고 있다는 사실을 말해 준다.

*이 글은 2022년 10월 20일 강진차인연합회 · 강진신문 주최 '제 6회 강진 차문화학술대회'에서 「한국 전통차의 원형으로서 강진 전통차의 정체성 및 계승 방안 탐구」의 제목으로 발표한 논문입 니다.

3부

'초의차' 판타지 너머
초의의 차 인식 추이 고찰

판타지 '초의차' 추종이 한국 차문화를 왜곡시키는 데 한몫하고 있다. 한국 차계에 객관적인 논객들의 건전한 학술적 토론은 적고, 돈과 명리 추구에 바쁜 사이비 차학자들과 차명망가들의 요설(妖說)이 지배하고 있다.

초의는 다산의 구증구포 단차(團茶)를 한양 문사들에게 소개하여 전다박사(煎茶博士) 칭호를 얻었고, 『다신전』과 『동다송』에 소개한 명대(明代)의 제다법(炒焙法)으로 덖음 잎녹차를 만들었다. 이는 초의가 다산이 창시·중흥시킨 녹차 제다 위주의 한국 전통 차문화를 계승하고 중국 제다법으로 보완했음을 말해 준다.

초의는 『다신전』 편저에서 '다신(茶神)'의 기론적 의미를 파악했으나 이를 『동다송』의 '다도' 규정에 명시하지 못함으로써 '수양다도'의 범주를 '방법' 또는 '과정 상의 일'로 오해하게 하는 빌미를 남겼다.

I
서론

1. 문제 제기

차를 기호음료로 알고 있는 사람이 많다. 대표적으로 초의 다맥을 계승했다고 자처하는 박동춘 (사)동아시아차 문화연구소 소장도 여러 글에서 차를 기호음료라 하고 찻잎의 독소를 제거하기 위해 살청을 한다고 말했다. 이 연구는 차가 기호성을 지니는 측면도 있지만 차가 말초 감각을 충족시켜 주는 단순한 기호음료라는 인식은 차의 공능을 폄하하는 일이라고 보고, 선현들은 차를 어떻게 인식했는지를 '한국의 다성'으로 일컬어지는 초의선사의 차 인식 추이를 통해 살펴보자는 것이다.

초의선사의 차 인식 추이를 살펴봐야 하는 학구적 이유와 의미는 이렇다. 초의에 앞서 한국 차문화사에 중추적 자취를 남긴 한재 이목과 다산 정약용의 경우를 보자면, 한재 이목은 사화의 엄혹한 정치적 상황에서 스스로 차의 진가를 인식하고 음다를 통해 득도의 경지를 터득한 경험으로 다도 전문서인 『다부』를 저술하였다. 다산은 유배지의 척박한 상황에서 차를 약용으로 음용한 동시에 직접 다양한 제다법에 의한 제다를 실천하고 제자들에게 다도 실천 모임체인 〈다신계〉를 결성하여 실천적 다도수양을 하도록 했다.

즉, 두 선현(先賢)이 자습 또는 자득을 통해 자발적이고 적극적으로 차를 인식하고 차생활을 실천한 데 비해 초의는 다산을 만난 이후 다산의 영향으로 차에 대한 인식이 싹텄고, 『다신전』 편저와 『동다송』 저술도 외부적 필요와 타인의 요구에 따른 것이었다. 따라서 한재와 다산의 차 인식은 상황에 따른 돈오점수의 성격을 띤 것이어서 그 추이를 살펴보기가 쉽지 않으나, 이들과 여건과 원인이 다른 초의의 차 인식은 시기별 또는 양태적으로 그 추이를 살펴보는 것이 한국 차문화 발전사적인 측면에서 의미가 있다고 할 수 있다.

초의를 '한국의 다성'으로 일컫는 데는 그럴 만한 사유가 설명되어야 한다. 그러나 한국 차계나 차학계 또는 '초의차문화연구회' 등 초의 관련 학술단체들에서는 초의가 『다신전』과 『동다송』을 편·저술하고 이른바 '초의차'를 만들어 한국 차문화를 부흥시켰다는 주장 외에 별다른 설명이 없다. 초의가 어떤 사유로 차에 입문하게 되었는지, 그리하여 차를 어떻게 인식하여 어떤 차정신을 터득했으며, 그것을 제다와 음다에서 어떻게 구현하려 했는지는 한국 차문화사를 살펴보는 학술적 시각에서 초의의 차 행적에 관한 일차적 관심사여야 한다.

한편으로 차가 기호음료라는 인식에는 애초에 차가 약용으로 음용된 데 대한 대비적 개념이라는 전제가 있다고 할 수 있다. 음료의 용도 분류상 '약용' 아니면 '기호용'이라는 이분법적 분류가 일반적이다. 따라서 차가 기호음료라는 인식은 '약용' 외적 용도를 포괄하는 개념으로 '심신건강 수양음료'로서의 용도도 포함한다. 그러나 오늘날 차가 기호음료라는 인식은 차가 일반 기호음료들처럼 단순히 말초적 감각의 필요를 충족시켜 주는 음료에 불과하다는 의미가 강하다. 따라서 차의 정체성과 그에 따른 차의 효능을 제대로 설명하기 위해서는 차가 일반 기호음료와는 다른 심신건강 수양음료라는 구별과 이를 뒷받침해 주는 차학적 이론이 필요하다.

2. 관련 선행 연구 검토

초의선사의 차 관련 연구 사례 및 관련 저술로는 주로 『다신전』과 『동다송』을 소재로 한 초의의 제다법, '초의차', 초의의 다도 정신에 관한 것들이 주를 이룬다. 그 내용을 보면 『다신전』과 『동다송』의 저술 배경, 두 저술에 이르기까지 초의의 생애, 초의의 제다법과 초의차의 소개 등 자료에 의한 사실의 나열 또는 소개에 그치고 있다. 『다신전』 편저의 경우, 초의가 실질적으로 명대 장원(張原)의 『다록』을 모사(摸寫)한 일의 의미와 책 제목을 『다신전』이라고 한 연유가 한국 차문화사에서 중요한 의제일 텐데도 이를 분석한 연구는 없다.

1970년대 말부터 한국 차계는『동다송』에 근거하여 한국 다도정신을 '중정'이라고 표방하고 있다. 이는 한국 차학계에서도 별다른 이의 없이 받아들여지고 있다. 대체로 한·중·일 3국의 차문화 비교 소재로 한국 다례, 중국 다례, 일본 다도가 일컬어지고 있는 실정에서 다도정신은 그 나라의 차문화를 규정하는 핵심 요소라고 할 수 있다.

따라서 한국 차문화가 다례로 대표되고 한국 다도정신을 중정이라 한다면 다례와 중정은 어떠한 관계인지, 중정의 의미는 무엇인지가 규명되어야 하나 이에 관한 연구 사례는 보이지 않는다. 중정이라는 말이『동다송』제60행과 그 주석의 '다도' 규정에 나오는 말로서 한국 다도정신이라면 이는 곧 초의의 다도정신이어서 중정의 정확한 의미 파악은 초의의 차 인식을 기반으로 할 수밖에 없다. 이런 맥락에서도 이 연구는 필요하다고 할 수 있다.

초의의 차 행적 관련 연구의 대표적 사례로는 초의 다맥의 후계자임을 자처하는 박동춘이 박사 학위 논문을 책으로 엮은 『초의선사의 차문화 연구』[1]가 있다. 이 책은 초의의 생애에서부터 사승(師承) 관계, 수행, 초의의 제다법과 탕법, 경화사족들의 초의차 애호에 이르기까지 초의와 '초의차'를 부각시키는 자료모음집의 성격을 띠고 있다.

박동춘은 이 연구를 근거로 이후 추가 논문 발표와 저술을 통해 "차는 기호음료", "찻잎의 독소를 제거하기 위해 살청을 한다.", "초의는 한국 차문화를 중흥시켰다.", "초의차는 한국 차의 원형이다.", "초의차의 특징은 심폐를 시원하게 한다." 등의 주장을 하고 있다. 그러나 이런 주장은 차의 성분 및 효능, 제다 원리, 한국 제다사 및 차문화사의 사실들과 일치하지 않는 대목이 많아서 초의의 차 인식을 정확히 파악한 데 기반하고 있다고 할 수 없다.

3. 탐구 방법

초의선사의 차 인식 추이 고찰은 초의가 차를 인식하기

1   박동춘, 『초의선사의 차문화 연구』, 일지사, 2010.

시작한 때부터 이른바 '초의차'를 제다하기까지의 초의의 차 행적을 살펴보는 일로써 추진되어야 한다. 이 과정에서 초의의 차 이론 축적의 핵심은 『다신전』 편저 및 『동다송』 저술이다. 따라서 『다신전』의 모사 경위와 '다신전'이라고 하여 원전인 『다록』과 다른 책 이름을 붙이게 된 연유를 분석할 필요가 있다. 특히 똑같은 내용이면서 '다록'이라는 원전의 이름과 전혀 달리 '다신전'이라고 책 이름을 지어 붙인 것은 초의만의 각별한 차 인식에 기인하고 있다고 볼 수 있다.

『동다송』의 경우는 『다신전』과 마찬가지로 '다도'를 소개하거나 규명할 필요가 저술 동기이다. 그렇다면 초의가 『다신전』에서 소개한 '다도'와 『동다송』에서 창의적으로 규명한 '다도'는 각각 그 내용이 무엇이며 어떤 차이가 있는지, 7년의 시간차에서 생긴 그 차이는 어떤 이유에서 비롯됐는지가 초의의 차 인식 추이를 탐색하는 데 중요한 초점이 될 것이다. 이를 파악하기 위해서는 『다신전』과 『동다송』의 전반적인 내용 분석은 물론이고 중요한 의제거리로 삼을 수 있는 한자어의 어의 분석도 중요하다.

이와 함께 초의의 차 인식 추이를 탐색하는 데는 초의
와 다산의 차 인연을 살펴보고, 추사 등이 보낸 관련 차시
(茶詩)들을 통해 초의의 차 행적에 관한 주변의 소감 또는
평가를 분석해 볼 필요가 있다.

Ⅱ
본론

1. 초의의 차 행적과 차 인식의 향방

  박동춘은 『초의선사의 차문화 연구』에서, 초의가 차 이론을 정립하는 과정에서 『다경』을 고찰하였고, 『다신전』을 정서하는 과정을 통해 차의 이론적 토대를 마련하였는데, 이는 실제 『동다송』의 저술에 영향을 미쳤을 것으로 여겨진다고 하였다. 그는 초의의 차 이론적 연찬의 과정 중에서 이론의 심화가 어느 정도인지를 추정할 수 있는 것은 『다보서기』라고 하였다. 그는 또 초의의 제다법은 차의 이론적 토대를 정립하고 동시에 이를 토대로 자신의 실증적 체험인 제다를 통해 자득한 것이라고 하였다.[1]

  그러나 박동춘은 초의의 차 이론적 토대의 내용이 무

---

1   박동춘, 『초의선사의 차문화 연구』, 일지사, 2010, 108쪽.

한국 茶의 진실

엇이며,『다경』고찰 및『다신전』정서 과정에서 마련된 그 '이론적 토대'가『동다송』저술에 어떤 영향을 미쳤는지는 밝히지 않았다. 따라서 우선적으로 초의의 차 행적을 통해 초의의 차 이론 터득의 경위와 그 내용을 살펴봄으로써 초의의 차 인식 추이의 향방을 가늠할 수 있겠다.

먼저 초의의 차 행적에 대한 위 박동춘의 주장의 오류부터 지적하겠다. 박동춘은 "초의의 차 이론적 연찬의 과정 중에서 이론의 심화가 어느 정도인지를 추정할 수 있는 것은『다보서기』"라고 하였으나,『다보서기』는 초의의 유품 목록에 이름이 수록되었을 뿐 실재하지 않는다. 실재하지 않는 자료를 근거로 초의의 차 이론의 심화를 추정할 수 있다는 박동춘의 주장은 추정을 위한 추정이므로 학술적이지 않다.

또 박동춘의 말대로 초의가 차 이론을 정립하는 과정에서『다경』을 고찰했다면, 초의가『다경』을 고찰하게 된 이유와 목적, 나아가 어떤 연유로 차 이론을 정립하게 되었는지 등 초의의 차 인식의 단초가 초의 차 인식의 향방 및 그것이 한국 전통 차문화의 내용에 미칠 영향을 규정할 것이다. 초의가 『다경』을 비롯한 중국의 다서를 고찰한 흔적은 『동다송』에서 이 다서들의 관련 대목들을 인용한 것으로 나타난다.

박동춘이 초의가 『다신전』을 정서하는 과정을 통해 차의 이론적 토대를 마련했다고 한 것은 초의가 명대의 차 지식을 차 인식의 기초로 삼았다는 뜻이다. 그렇다면 초의는 차의 이론적 토대 마련이나 차 이론의 정립을 주로 중국 다서에 의존했다고 할 수 있다. 그것의 가장 뚜렷한 징표가 초의의 대표적 업적인 『다록』 모사에서 '다신(茶神)'의 중요성을 인식한 것이라고 할 수 있다.

초의가 『다신전』과 『동다송』을 각각 편·저술하게 된 동기는 모두 타인의 다도에 관한 질의에 피동적으로 답하기 위한 것이었음이 두 책의 발문에 나타나 있다. 따라서 초의는 그 이전에는 차에 관한 관심과 지식이 적거나 없었다고 할 수 있다. 초의는 다산이 다산초당 시절 구증구포 단차 제다에 한창일 때 다산을 찾아가 수학하였다. 당시 다산초당 옆 백련사에는 초의와 같은 대흥사 소속 혜장이 주지로 주석하였고, 다산은 혜장에게 '걸명소'를 보내는 등 둘 사이엔 차에 관해 활발한 소통이 이루어지고 있었다.

또 그 이전에 초의가 출가하여 간 절은 전라남도 나주시 다도(茶道)면 운흥사였고, 그 옆에는 불회사가 있었다. 운흥사는 면 이름에 '다도'라는 말이 붙어 있을 정도로 차와 관련된 지역에 위치했고, 불회사는 청태전 발상지의 한 곳으로 알려진 절이다. 이런 상황에서도 신라 말 구산선문 개창과 더불어 차문화를 들여왔다는 한국 불교의 선승을 지향한 초의가 차에 별 관심을 보이지 않은 것은 이상하다. 이러한 초의의 차 행적은 "신라 말 도당구법승들이 구산선문 개창 때 당나라의 차문화를 들여왔으므로 불교가 한국 차문화의 중심"이라는 박동춘의 주장에 설득력을 떨어뜨린다.

『다신전』 모사(模寫)와 『동다송』 저술의 경위, 초의의 '차 이론 토대 마련' 및 '이론 정립'에 관한 박동춘의 주장 등으로 미루어 판단하자면, 초의의 차 인식은 『다신전』 원전인

『만보전서』중의 '다경채요', 즉 『다록(茶錄)』의 모사(模寫)를 계기로 중국차 관련 내용 위주로 피동적으로 시작됐다.

이어 『동다송』저술 역시 유가 지배층 홍현주의 질의에 대한 답변이었지만, 이를 계기로 하여 초의의 차 인식은 좀 더 적극적이고 자득(자각)적인 방향으로 나아갔다고 할 수 있다. 그것이 구체적으로 어떻게 전개되었는지는 『다신전』과 『동다송』을 쓰게 된 경위 및 '다도'에 관한 공통의 물음에 답한 『동다송』의 내용이 『다신전』에 비해 어떻게 달라졌는지를 분석하는 것으로 알 수 있다.

이 밖에 초의의 차 인식 형성에 영향을 끼친 요인으로 추사의 조언을 들 수 있다. 추사는 제주도 유배기에 초의가 보낸 덖음차를 맛보고 "불기운이 너무 센 탓에 차의 기운이 쇠약해졌다. 다음번에는 화후 조절에 유의하라."는 질타성 조언을 보낸 바 있다. 또 1840년경에는 초의차를 맛보고 "(제다의) 삼매수(三昧手)를 얻었다."고 칭찬했다.

추사는 1809년 동지부사가 되어 청나라로 가는 부친을

한국 茶의 진실

따라 연경(북경) 사행길에 동행하여, 중국 제일의 금석학
자 옹방강(翁方綱)과 완원(阮元)을 만나 '용단승설(龍團勝雪)'
차를 맛보고 그 향기에 매료돼 자신의 또 다른 호를 '승설
도인'이라 지었다. 추사는 이러한 차에 대한 감각으로 초
의에게 차 조언을 했으니, 초의의 차 인식은 중국차의 영
향을 받은 것으로 볼 수 있다.

2. 차 인식 이해의 기초로서 기론(氣論)

동양사상(儒·佛·道家 사상)은 '도(道)'라는 말을 수양의
의미로서 공유한다. '수양'이라는 말은 동양사상에서 심신
을 닦고 고양시키는 문화양태에 관한 공용어이기도 하지
만, 각 사상별로 '수양'과 동일한 의미를 지닌 고유의 유사
용어들을 갖는다. 수양, 수행, 양생이 그것이다.

수양(修養)은 유교의 용어로서 '수심양성(修心養性)'의 줄
임말이다. 유가의 수양 개념은 맹자가 인간의 본성을 인의
예지의 순선함으로 파악한 데서 비롯되었다. 맹자는 인간

이 타고난 착한 심성인 인의예지를 보존하고 배양하는 것을 '존심양성'이라 했다. 이 존심양성이라는 원초적 인성을 보전하자는 의미의 말에서 나중에 인간 세상의 삶에서 마음이 이기심과 잡념으로 오염될 것을 상정하여 이 존(存)이 수(修)로 대치되어 좀 더 본격적이고 수동적인 의미의 수양 용어인 '수심양성'이 되었다. 수심양성은 유가의 심성학이라고 할 수 있는 성리학 이론을 완성시킨 주자의 마음구조 원리인 '심통성정(心統性情)'에 따라 마음의 구조를 심속에 성과 정이 들어 있다고 보고, 잡념 등 성(性)을 둘러싼 정(情)에 끼인 심(마음)의 오염원을 걷어 내고 인의예지로 구성된 성(性)을 보존하고 배양한다는 의미이다.

수행(修行)은 불교 용어로서 수습행도(修習行道)의 줄임말이다. 과거의 행적(業)이 남긴 악습을 걷어내서 번뇌가 없는 멸(滅)에 이르는 길을 간다는 의미이다. 수행은 곧 팔정도의 실천을 의미한다. 양생(養生)은 도가에서 우리 심신에 우주자연의 생기를 채워 기른다는 의미의 기질 수련 용어로서, 『장자』 내편 '양생주(養生主)'의 줄임말이라고 할 수 있다. '생주(生主)', 즉 생명의 주인인 우주 자연의 생명력(활성에너지)을 배양한다는 말이다.

수양·수행·양생은 각각 유가·불가·도가에서 도(道)
라는 말을 방법론적 또는 목표적 개념으로 공유하고 기론
(氣論)을 이론적 기반으로 깔고 있다. 먼저 道의 개념을 살
펴본다. 道는 동양사상(유불도)의 수양 언어로서 우주·자
연의 원리(섭리)에 이르는 길 또는 우주·자연의 진리 그
자체를 의미한다. 道 자를 유파(流派)의 이름 앞에 내세운
도가(道家)에서는 자연의 존재형식과 운행원리를 도라 한
다.[2] '무이위무불위(無爲而無不爲)'[3] 및 '인법지(人法地) 지법
천(地法天) 천법도(天法道) 도법자연(道法自然)'이라는 말이
도가의 도의 의미를 잘 설명해 준다.

유가에서는 현실 생활의 원만함을 유지(經世)시켜 주
는 기준인 인도(人道)를 중시하며 인도(人道)는 천도(天道)
를 본받는다. 주역의 괘사 뒤에 붙어 있는 "대상전에 말하

2　노자 『도덕경』 제24장에서 "人法地 地法天 天法道 道法自然(사람은 땅은,
　땅은 하늘을, 하늘을 도를, 도는 자연을 본받는다)"이라 하였다.

3　노자 『도덕경』 제37장에 나오는 말로 "인위적으로 하지 않아도 이루어지지
　않음이 없다"는 의미이다.

길 '군자(선왕)는 괘사의 뜻(천도)을 본받아… 한다(象曰… 君子(先王)以…).'"라는 말이[4] 이를 상징한다. 불가에서는 부처님의 핵심적 가르침을 사성제(四聖諦: 苦·集·滅·道)라 하였는데, 그중 도(道)는 멸(滅)에 이르는 수행의 길(팔정도)을 말한다.

  자연의 섭리 자체인 도가의 도, 자연의 섭리를 본뜬 인간의 도리인 유가의 도, 자연과 인간을 초월하여 궁극적 진리에 이르는 길인 불가의 도는 양생·수양·수행의 기제(機製)로서 기론을 도입하고 있다. 기론은 근본적으로 동양사상 전반의 존재론적 원리이기도 하다. 기론은 선사 이래 대중지성이 개발한 동양사상의 자연과학에 해당하는 논의로서, 우주 만물 현상이 기(氣)로 이루어져 있다는 학설이다. 기는 취(聚)·산(散)과 끊임없는 변화를 원칙으로 하기에 세상 만물의 물질적·정신적 퇴보와 진보 및 인간 심성의 개선인 수양을 가능하게 한다.

---

4   예컨대 중천건(重天乾)괘 괘사 뒤에 '天行健 君子以自强不息. ― 우주 자연의 운행(천도)은 굳건하다. 군자는 이를 본받아 스스로 강화하고 쉬지 않는다.'고 했다.

한국 茶의 진실

기론은 백가쟁명의 춘추전국시대에 직하학에서 본격 논의돼 『관자』 4편에 심성론과 수양론의 이론적 질료로 정리되었다. 도가는 가장 먼저 기론을 도가사상의 존재론으로 받아들여 철학적 이론 구성에 선도적인 역할을 수행하였다. 여기서 동양사상의 존재론이란 동양사상의 철학적 이론의 기반으로서 우주 자연은 무엇으로 어떻게 생성되었고 어떤 원리로 작동하는가에 대한 학설이다. 또 같은 맥락의 원리를 인간의 심성론에 적용하면 수양론에 이르게 된다.

도가에서는 가장 먼저 기론을 존재론으로 받아들여 '기(氣)의 취(聚)·산(散)'을 존재의 원리로 삼았다. 또한 인간의 심신(心身) 역시 기로 이루어져 있다고 보고, 인간의 심신에서 탁기(濁氣)를 몰아내고 우주 자연의 청기(淸氣)를 채워 자연합일을 이루는 것을 양생의 목표로 설정하였다. 장자는 기론을 수양론으로 활용하였다. 『장자』 「제물론(齊物論)」에 나오는 '오상아(吾喪我)'나 「인간세(人間世)」의 '허실생백(虛室生白)' 개념은 모두 기론에 따르는 도가 수양·양생의 방법 또는 그 결과이다.

유가는 맹자가 호연지기를 말한 데 이어 송대 성리학의 기본 뼈대로서 기론을 도입하여 이기론으로 정립함으로써 유가 수양론의 방법론적 토대를 마련하였다. 나아가 주자는 기를 '정→기→신'의 단계로 고도화되어 우주 만물(자연·천도)과 인간의 심신을 통합(자연합일)시키는 기제로 보았다. 유가(성리학)는 주자가 정립한 마음구조의 심통성정(心統性情) 원리상 성(性)이 기(氣)에 의해 발현되어 정(情)이 되는 순간의 전후에 초점을 맞춘 '거경함양(居敬涵養)·이발성찰(已發省察)'을 수양의 핵심으로 삼는다.

불가는 위진남북조시대에 사상적으로 크게 성행하면서 삼교(三敎) 간 논쟁과 융합 과정에서 기(氣) 범주를 흡수하였다. 남조시대에 발생한 신불멸론과 신멸론의 논쟁에서 혜원(慧遠, 334~416)은 "신(神)이란 무엇인가? 정(精)이 지극해져서 영(靈)이 된 것"이라고 하여 기론의 입장을 취했고, 혜사(慧思, 515~577)는 『제법무쟁삼매법문(諸法無諍三昧法門)』에서 사념처관을 논하면서 관상(觀想)과 관련된 참선법으로 기식(氣息)을 언급했다. 여기서 기식은 불교에서 참선 수련 때 선정에 들어가는 기공으로, 도교 내단수련의 행

기태식법(行氣胎息法)과 비슷한 것이다.⁵

　이때 신불멸론(神不滅論)의 중심에 있던 종병(宗炳)은 「명불론(明佛論)」에서 개체적인 신(神)과 궁극적인 神(凡神)이라는 두 차원의 神을 제시하고, 神을 윤회의 주체인 동시에 윤회로부터 벗어날 수 있는 형이상학적 근거로 삼음으로써 불교 수행의 타당성을 입증하고자 하였다. 즉 열반이란 불교 수행을 통하여 개체적 神이 범신(凡神)의 차원에 들어가는 것이다.⁶

　불가에서 보는 마음구조는 전육식(前六識)으로부터 제7말라식을 거쳐 제8식인 아라야식으로 구성되어 있고, 아라야식은 윤회의 씨앗인 업력(業力)을 종자(種子)로써 보관하는 장식(藏識) 역할을 하는데, 이때 업력인 종자를 기(氣)의 응집체로 본다. 이 아라야식의 종자를 개선하거나 종자와 관련한 구속으로부터 벗어나고자 하는 일이 불가의

5　최성민, 『동양사상 수양론 道 – 마음 비우기 · 채우기 · 기르기』, 책과나무, 2022, 77~78쪽.

6　박현숙, 「宗炳 「畵山水序」의 形神論的 研究」, 성균관대학교 유학대학원 동아시아사상 · 문화학과 석사학위논문, 2015.

수행이라고 할 수 있다.

그렇다면 수양, 수행, 양생이 차와 어떤 관계가 있는지
는 유·불·도가에서 수양(수행·양생)의 수단 또는 매체로
차를 어떻게 활용했는지를 살펴봄으로써 알 수 있다. 이
문제는 기론에 바탕한 유·불·도가의 마음의 구조와 직
결된다.

靜坐處茶半香初 妙用時水流花開
정좌 명상의 자리에 차가 한창 익어 차향이 발현되어 (마시니) 다
신(茶神)이 작동하여 성(性)이 정(情)으로 이발(已發)되는 때에 우
주 자연의 아름다운 조화(수류화개)와 하나가 된다.

유가에서는 위의 시구가 말해 주듯, 수양(정좌)에 차를
득도의 매체로 활용하였다. 불가에서는 '끽다거'와 '다선일
미'라는 말이 상징하듯이 차는 불교수행의 관건인 번뇌를
제거하는 수단 또는 자연의 섭리를 깨닫는 징거다리로 활
용되었다. 도가의 경우는 도가의 마음구조와 '다신(茶神)'
및 『장자』에 나오는 '오상아(吾喪我)'(「제물론」)와 '허실생백(虛

한국 茶의 진실

室生白)』(「인간세」)이라는 말을 연결시켜서 차에 의한 양생의
원리를 파악할 수 있다. 즉 '오상아'는 자의식(自意識, 我)까
지 비운(喪) 나(吾)를 말하고, '허실생백'은 '모든 것을 비우
면 새롭게 밝아진다.'는 의미인데, 이때 비우는 대상은 자
의식이라는 잡념을 이루는 탁기(濁氣)이고 이 탁기를 비워
허실을 생백하게 하는 매체는 다신(茶神)이라는 청기이다.

3. 초의와 다산 사이 차의 역할

초의는 다산과의 만남을 감격스러워할 정도로 다산을
향한 학구적 의뢰심이 컸다. 다산은 호를 '茶山'으로 지을
정도로 차에 관심이 많았고, 초의의 자(字)를 『주역』의 '신
뢰'를 상징하는 괘명인 '중부(中孚)'라고 지어 줄 정도로 성
리학 이념인 신(信)을 중시했으며, 해배후 제자들로 하여
금 '다신계'를 결성하도록 하여 신(信)을 배양하는 행사적
수양의 장으로 삼도록 했다. 또 이유원의 『가오고략』 중
「죽로차」라는 시에 '…열수가 알고… 초의가 가져와…'라
는 대목이 말해 주듯이 초의가 다산에게 제다를 배웠음을

알 수 있다.

그러나 초의는 『동다송』에서 다산이 백련사 혜장에게 보낸 「걸명소」 한 대목을 인용했을 뿐 다산과의 차 관련 언급을 나타내지 않았다. 초의가 인용한 「걸명소」의 구절도 이른바 '차 마시기 좋은 때'를 말하는 것이지, 본격적인 제다나 차론은 아니다.

또 다산은 초의를 데리고 차 골짜기인 월출산 백운동에 들어가 〈백운동도〉를 그리게 했다. 다산은 다신계 해이기 (解弛期)인 1830년 강진 제자 이시헌에게 서신을 보내 삼 증삼쇄 '다산 차병'을 제다하도록 지시하였는데, 백운동은 그 이시헌이 살던 곳이다. 이시헌은 다신계 계원이었으므로 당시 다산과 이시헌 간에 수준 높은 다담이 오갔을 터인데, 초의가 다산을 따라서 백운동에 들어가 〈백운동도〉를 그리는 과정에서 차에 관한 언급이 전혀 없었을 것이라고 보는 견해는 합리적이지 않다. 그럼에도 불구하고 초의는 다산과의 관계에 있어서 차의 매개 역할이나 다산과 제자들 간의 차사(茶事)에 관해서는 전혀 언급을 남기지 않았다.

그런 초의가 〈백운동도〉를 그린 즈음인 1827년~1830년 사이에 갑자기 『다신전』을 베껴 쓰게 된 것이다. 이 무렵은 다산이 다신계의 해이를 질책하며 이시헌에게 고급 연고 녹차인 삼증삼쇄 차떡 제다를 부탁했던 시기이다. 즉, 초의의 학문적 스승이었던 다산과 그 제자들 사이에 '신(信)'을 의제로 제다 논의가 활발하던 때에 초의는 명나라 장원이 쓴 『다록』을 베껴 쓰고 있었다. 그것도 간절한 필요 때문이 아니라 불사(佛事) 문제로 들렀던 화개골 끝자락 칠불사 아자(亞)방에 굴러다니던 『만보전서』가 눈에 띄었고, 그 책 속 '다경채요'에 난 대목을 그대로 옮겨 적었다. 그러나 또 정서(正書)하기를 차일피일 미루다가 시좌승 수홍이 다도를 알기를 원하자 그때야 책 모양을 다듬었다. 이 내용은 모두 초의가 남긴 『다신전』 발문에 있는 것이다.

이에 따르면 당시 총림(叢林)에 조주풍(차 마시는 풍조)은 있었으나 다도를 알지 못했다. 그래서 마침 제자 수홍이 다도를 알고자 했으므로 '다경채요' 중 '다도(茶道)' 및 초배

(炒焙) 산차(散茶) 제다법이 나오는『다록』의 내용을 베껴 옮겼다. 이때의 '다도'란『다록』의 '다도(茶道)' 항에 나오는 내용을『다신전』에 '다위(茶衛)'라는 항목 이름을 바꿔 옮긴 '造時精 藏時操 泡時潔 精操潔 茶道盡矣'라는 대목이다. 즉 이때 초의에게 있어서 다도란 장원이 말한 '차를 만들고 보관하고 우려내는' 방법상의 문제로 인식된 것이다. 초의가 '다도'라는 항 이름을 '다위'로 바꾼 것도 다도를 정신적 차원의 문제로 인식하기보다는 '차를 잘 관리하는 방법' 정도로 인식했음을 알려 준다.

초의가『다신전』을 모사하기 훨씬 전인 1805년에 다산은 백련사 혜장에게 '걸명시'와『걸명소』를 보낸 바 있다. 다산이 1805년 4월 혜장에게 보낸 '걸명시'(「寄贈惠藏上人乞茗」)를 보면, 다음과 같은 구절이 있다.

焙曬須如法 浸漬色方瀅

불에 쬐고 말리기를 제대로 해야

우려낸 탕색이 맑으리라[7]

---

7   정약용, 『신조선사본 여유당전서』 제1집 제5권 시문집.

다산은 이미 차와 다도에 관한 이론을 섭렵하고 있었다. 여기에서 혜장이 다산으로부터 '걸명소'를 받고, 다산이 혜장에게 배쇄법(焙曬法)을 당부할 정도로 차 담론이 활발하였음을 알 수 있다. 초의의『다신전』보다 20여 년 앞서 저술된 이덕리의『동다기』에는 진도 일대의 사찰에서 증배법 제다가 이루어지고 있었다는 기록이 있다. 그러나 초의는『다신전』발문에서 총림에 다도를 아는 이가 없다고 했다. 이는 사실과 다른 발언으로서, 초의가 당시 사찰의 찻일 사정을 잘 파악하지 못했거나 차에 관심이 적었음을 말해 준다.

초의는 다산 문하에서 다산이 제다와 차에 각별한 관심을 보이며 스스로 제다 등 찻일을 실천하고 있는 것을 목격했을 것이다. 초의가 조금이라도 차에 관심이 있었다면 '총림에 다도를 아는 이가 없음'을 안타깝게 여겨 중국 다서를『다신전』으로 이름을 바꿔 베껴 옮기기에 앞서, 스승 다산의 차 이야기를 저술 소재로 삼을 수도 있었을 것이다.

초의는 『다신전』을 쓴 7년 뒤 『동다송』 저술에서 다산의 「걸명소」 한 대목, 그것도 다도의 본질과 거리가 있는 '차 마시기 좋은 때'에 해당하는 내용을 옮겨 적었다. 이처럼 초의가 당시에 차 전문가라고 할 수 있는 다산과의 사제지간 관계에서도 차에 관한 관심이나 인식이 크게 눈에 띄지 않지만, 초의의 차 인식 여하와 무관하게 다산의 찻일의 영향이 초의에게 이어진 흔적을 찾을 수는 있다. 즉 이유원(李裕元, 1814~1888)의 『가오고략』 중 「죽로차」라는 시에는 다음과 같은 내용이 나온다.

보림사는 강진 고을에 자리 잡고 있으니 / … / 어쩌다 온 해박한 정열수 선생께서 / 절 중에게 가르쳐서 바늘싹을 골랐다네 / … / 구증구포 옛 법 따라 법제하니 / … / 초의스님 가져와서 선물로 드리니 / 백 번 천 번 끓고 나자 해안(蟹眼)이 솟구치고 / 한 점 두 점 작설이 풀어져 보이누나

이는 다산이 보림사의 중들에게 구증구포 단차(團茶) 제다를 가르쳤고, 초의가 그 차를 한양의 경화사족들에게 가져다주었다는 말이다. 또 자하 신위(申緯, 1769~1845)는

「원몽사편 병서(圓夢四篇 幷序)」에서 초의의 차 달이는 솜씨를 두고 '전다박사'라 불렀고[8], 「남차시병서」에서는 "草衣禪師 親自蒸焙. 초의선사가 손수 증배제다하여…"라 하여, 초의가 다산처럼 증배 단차를 만들었음을 알게 했다. 이는 초의가 다산의 영향을 받아 제다와 전다(煎茶) 수준의 차 인식을 갖게 되었다는 의미이다.

초의가 증제 단차 전다로써 '전다박사(煎茶博士)' 칭호를 얻은 시기는 1830년경으로, 이때는 초의가 중국 다서를 모사하여 『다신전』을 쓰던 시기이다. 다산의 제다와 차를 접하던 시기에 『다신전』 발문에서 "총림에서 다도를 모르니 베껴 쓴다."고 하였고, 이때의 '다도'란 『다록』과 『다신전』에 나와 있는 '정·조·결(精·操·潔. 차 만들고 보관하고 차탕 내는 법)', 즉 물리적 방법을 지칭하는 것이었다. 초의가 『다록』을 모사하는 과정에서 '다신(茶神)'이 눈에 띄었고, 다신의 의미를 더 깊이 인식하고 확장하여 『동다송』에서 '다도'를 창의적으로 규정하게 된 것은 『다신전』 모사 이후 『동다송』 저술에 이르기까지의 노정(路程)에서 보이

---

8   정민, 『새로 쓰는 조선의 차문화』, 2011, 김영사, 276쪽.

는 초의의 차 인식 추이이다.

초의는 『다신전』을 쓰면서 복사본에 해당하는 이 책 이름만은 유독 원전과 달리 '다신전'이라 하였다. 그리고 『동다송』 내용 중 인용의 대부분은 『다경』과 『만보전서』 등 중국 다서들이고, 특히 제다와 다도에 있어서는 『다신전』의 내용을 보충하여 옮겼다. 이런 사실을 보면 초의의 차 인식은 중국 다서와 중국 차문화(다도 등)를 기반으로 하여 형성되었다고 할 수 있다. 비록 『동다송』을 두고 한국 차계와 차학계에서는 '조선의 차를 칭송한 내용'이라고 하지만, 『동다송』 내용 중 '동다(東茶)'를 칭송하는 대목은 이덕리의 『기다(記茶)』를 인용한 구절뿐이다. 이런 사실을 감안할 때, 『동다송』은 '동쪽(조선)의 차(동다)를 칭송한 글'이 아니라 '동쪽(조선)에서 쓴 차 칭송글'이라고 하는 게 적절한 지칭일 것이다.

초의가 홍현주의 다도 질문을 전달한 변지화의 퇴고(推敲) 요구를 받고 수정한 발문과 원발문을 비교해 보면 『동다송』의 원래 이름은 '동다행(東茶行)'이었다. 이는 『동다송』

의 목적이 우리나라 차의 칭송이 아니라 찻일과 다도를 설명하는 데 있다는 의미이다. '동다행(東茶行)'이라는 말은 '東國의 茶에 의한 修行'이라는 의미가 강하고, 『동다송』의 핵심 내용이자 결론으로서 제68행의 주석에 나온 '다도' 규정 역시 차를 만들고 우려내기까지의 과정에서 이루어지는 수행의 의미를 담고 있다.

실제로 『동다송』의 결론은 제60행 주석의 '평왈~' 이하 '다도'를 설명하는 대목이고, 그 이전 글은 차(주로 중국차)의 신령함을 강조하는 표현으로서, 한마디로 말하자면 초의가 『다신전』을 쓰면서 인식한 '다신'의 실체를 규명해 가는 과정이라고 할 수도 있다.

4. 『다신전』 베껴 만들기와 초의의 '다신(茶神)' 파악

『다신전(茶神傳)』은 위에서 살펴본 바와 같이 우연한 계기에 중국의 책을 베껴 옮겨 적은 것에 불과하다. 따라서 『동다송』에서와 달리 『다신전』에는 각종 자료 인용이나 초의가 차공부를 위해 노력한 흔적은 없다. 다만 초의가 본 2차적 원전인 『만보전서』의 「다경채요」나 원전인 『다록(茶錄)』과 달리 책 이름을 『다신전』이라 한 것은 놀랍고 혁신적이다. '다신전'이라는 작명은 초의의 『다록』 '표절'에서 유일하게 표절이 아닌 창의적 산물이다. 또 차에 대한 별 인식이 없던 여건에서 베껴 적는 와중에 '다신'의 중요성을 감지했다는 것은 차문화사적으로나 초의의 차 인식 과정에서 간과할 수 없는 사실이다.

그렇다면 초의가 '다신'의 중요성을 파악하게 된 경위와 다신의 의미 및 그것이 초의의 차 인식에 미쳤을 영향, 그 영향이 『동다송』 저술로 이어지는 맥락 관계를 살펴볼 필요가 있겠다.

먼저 『다록(茶錄)』(또는 『다신전』)에서 '다신(茶神)' 또는 신(神)자가 붙는 말이 나오는 대목을 살펴본다.

① 채다(採茶) — 둘째 줄 '遲則神散(찻잎을 너무 늦게 따면 신이 흐트러진다)'

한국 茶의 진실

② 조다(造茶) - 마지막 행 '神味俱疲(신묘한 맛이 사라진다)'

③ 변다(辨茶) - '鍋乘神倦(솥이 식으면 신이 가라앉는다)'

④ 탕용노눈(湯用老嫩) - 제6행 '元神始發也(원래의 다신이
비로소 발한다)'

⑤ 포법(泡法) - 5행 '礶熱則茶神不健(탕관의 물이 너무 익으
면 다신이 건강하지 않고)' * 바로 앞 '不則減茶香矣(다관
을 청결하게 하지 않으면 차향이 줄어든다)'의 '차향'이라는
말에 대비적으로 나옴으로써 다신의 발현이 차향임
을 암시한다.

⑥ 음다(飮茶) - 1행 '獨啜曰神(혼자 마시기를 神이라 한다)'

⑦ 향(香) - 3행 '雨前神具曰眞香(곡우 전 다신을 구비한 것을
진향이라 한다.)' * 또 차향(茶香)의 동의 개념으로 등장
한다.

⑧ 품천(品泉) - 1행 '茶者水之神…, 非眞水莫顯其神…
(차는 물의 정신 … 참다운 탕수가 아니면 다신을 드러낼 수
없다)' * '水者茶之體(물은 차의 몸체)'의 대비 개념으로
등장한다.

※ 그러나 마지막 '다도(茶道, 茶衛)' 항에는 나오지 않는
다. 이 밖에 神의 하부 개념인 기(氣) 및 그 연관어들
도 보인다.

여기에서 초의가 책 이름을 '다신전'이라고 한 연유를 살펴보자. 초의 자신은 책 이름 짓기에 대해 별다른 설명을 하지 않았고, 오직 『다신전』 발문에서 『다신전』 복사 목적이 '다도'를 알기 위해서라고 했다. 그렇다면 '다신'이 '다도'와 어떤 관련이 있다고 느낀 것일까? 그러나 막상 『다신전』 '다도' 항에는 '다신'과 관련된 표현은 없다. 다만 맨 첫 '채다(採茶)' 항 '지즉신산(遲則神散)'에서 누구라도 신(神)의 중요성을 감지할 수 있고, 그 뒤에 나오는 말들이 모두 찻잎의 다신을 보전하기 위해 채다의 요점을 설명하는 것들이다. 그리고 '다도' 항의 '정조결 다도진의(精操潔茶道盡矣)'도 깊이 살펴보면 다신(茶神)의 보전을 강조하는 표현이다.

이상의 맥락에 기초하여 '다신'의 이해와 관련한 초의의 차 인식 수준을 설명하자면, 초의는 『다신전』 모사(模寫) 과정에서 원전(元典)의 내용상 가장 중요한 개념이 '다신' 임을 깨달았을 것이다. 그러나 복사본이라는 책의 체제상 추가적인 설명을 붙이지 않았고, 오로지 복사본 이름을 원전과 판이한 '다신전'이라고 짓는 방법으로 설명을 대신

한 것이라고 볼 수 있다.

  이와 관련하여 초의보다 350여 년 앞서서 한재 이목은
『다부』에서 '신동기이입묘(神動氣而入妙)'라는 표현을 빌려
동양사상 존재론인 기론에서의 '신(神)'을 다도수양의 원리
적 매체로 인식했음을 상기해 볼 필요가 있다. 즉 초의가
다신의 기론적 기제(원리)를 이해했는지, 『다부』를 읽었는
지의 여부는 그가 『동다송』에서 다신의 의미를 전개하는
방식에서 알 수 있겠다.

  그러나 초의가 『동다송』에서 중국 다서를 포함한 수많
은 다서를 인용하면서도 한재의 『다부』는 인용하지 않았
다. 그 이유에 대해서는 한재가 사문난적(斯文亂賊)의 엄혹
한 시기에 사화의 화를 입었다는 사실을 염두에 둔 것이
라는 것 외에 합리적 설명의 여지가 없다. 그러나 초의가
직접 인용하지는 않았지만 『다부』를 공부했을 가능성은
배제할 수 없다. 직관이 아닌 한 『다록』에 있는 '다신'이라
는 말을 보고 그 의미를 깨닫기까지는 적절한 계기 또는
공부의 과정이 있어야 하고, 『다부』의 '신동기이입묘 시역

오심지차'라는 문구가 그 계기 또는 공부의 소재가 되었을 가능성이 높다고 할 수 있다.

　『동다송』제61행부터 마지막 제68행까지는 다신이 충만한 차를 마셔서 이르게 된 정신적 경지를 말하는 것으로서『다부』의 결론인 '神動氣而入妙 … 吾心之茶'의 의미와 같은 맥락이다. 그러나 초의는 이 61행~68행의 음다 뒤 이른 정신적 경지를 '다도'라는 이름의 범주에 넣지 않은 대신 제68행 주석에『다신전』에 소개했던『다록』의 '음다지법'을 다시 소개하여, '음다지법' 중 신(神)의 의미와 연결시키는 것으로 처리하였다.

5.『다신전』과『동다송』에 드러난 초의의 차 인식 추이

　한국 차계와 차학계에서는『동다송(東茶頌)』의 책 이름을 해석하기를 "동국(東國, 한국)의 차(茶)에 대한 칭송"이라고 하는 데 이의가 없다. 그러나『동다송』의 책 이름을 그렇게 해석하는 것은 막연한 추측에 불과하다. 『동다송』의 저술 동기는 발문에 나와 있듯이 해거도인 홍현주의 '다도'에 관한 물음에 답하기 위한 것이지 조선의 차를 칭송하기 위한 것이 아니다. 그래서 원래의 책 이름도 『동다행』[9] 이었다.

초의가 애초에 '동다행(東茶行)'이라 한 것은 '東의 茶 修行' 또는 '東의 行茶'라는 의미로서 '동차에 대한 칭송'과는 의미가 다르다. 나중에 행(行) 대신 송(頌) 자를 붙인 것은 글 형식이 頌이라는 것이지 내용이 '칭송'이라는 것은 아니다. 『동다송』을 차에 대한 칭송이라고 한다면 이는 중국 차를 비롯한 차 일반의 덕성에 관한 칭송이지 동국(한국) 차에 관한 칭송만인 것은 아니다. 『동다행』 저술 방법으로 '遂依古人所傳之意 謹述東茶行一篇. 마침내 옛사람에게서 전해 오는 뜻에 따라 삼가 동다행 한 편을 지어 올립니다.'라 했듯이 내용 중 '동국의 차에 대한 칭송'은 이덕리의 『동다기(東茶記)』를 인용한 제37행(東國所産元相同)~제40행

---

9 초의는 『東茶頌』草藁에서 "上海居道人書. 近有北山道人承教 垂問茶道 遂依古人所傳之意 謹述東茶行一篇以進獻."이라고 하여, 『東茶頌』의 원제목이 『東茶行』임을 밝혔다.

(古人高判兼兩宗)의 네 줄 및 그것에 덧붙인 주석뿐이다. 『동다행』 또는 『동다송』이라는 책 이름도 『동다기』를 참고했다고 볼 수 있겠다.

초의가 '동다행'을 '동다송'으로 바꾼 이유에 대해 정민은 '체제가 행서 같은 것을 '행(行)'이라 하고, 정을 멋대로 놓아 부르는 것은 '가(歌)'라 한다(體如行書曰行 放情曰歌)'라는 『시인옥설(詩人玉屑)』을 인용하여 "'동다행'이라는 제목은 우리나라 차에 단숨에 붓을 내달려 읊었다는 뜻"이라고 말하고, '송'의 의미에 대해서는 초의의 『선문염송집』의 "송이란 것은 그 뜻을 찬송하고 펼치며, 핵심을 가려 뽑아 원류에 소통케 하는 것이다."라는 대목을 인용하고 있다.[10]

『동다송』이 학계의 설명처럼 '동다의 칭송' 내용이라면 저자 초의의 차 인식의 편향성을 보여 주는 자료였을 것이다. 그러나 『동다송』은 동다에 대한 칭송이 아니라 유가 지배층인 홍현주의 '다도'에 관한 물음에 답하는 내용이기에 차문화의 핵심인 다도와 관련한 초의의 차 인식을

10   정민, 『새로 쓰는 조선의 차문화』, 김영사, 2011, 299쪽.

세밀히 가려내기에 적절한 자료이다. 이는 초의가 다도를 새롭게 규정하는 데 있어서 앞에서 살펴본 다신의 의미를 얼마나 더 깊게 이해하여 『동다송』의 '다도' 규정에 반영시켰는지를 보여 줄 것이기 때문이다.

　같은 사람이 베껴 옮기거나 저술했지만 『다신전』과 『동다송』에서 '다도'의 의미와 범위는 사뭇 다르다. 초의는 『다신전』의 다도에 그동안 학습한 차 인식과 이론을 창의적으로 확장 보완하여 『동다송』의 핵심 내용이자 결론으로 삼았다. 『동다송』에서 '다도'에 관한 대목은 제60행 주석의 '평왈(評曰)~' 이하 '다도진의(茶道盡矣)'까지이다. '다도진의'라는 표현에서 『동다송』의 '다도' 규정이 『다신전』의 '다도' 규정과 닮았음을 알 수 있다. 『동다송』의 '다도'는 이렇다.

評曰 採盡其妙 造盡其精 水得其眞 泡得其中 體與神相和 健與靈相併 至此而茶道盡矣.

총평하자면, 찻잎을 딸 때 찻잎에 든 신의 작동성(神妙)을 잘 보전하고, 제다에서는 찻잎의 정기를 잘 보전하고, 탕수는 다신을 구현해 내기에 적절한 것을 골라, 차를 우림에 차와 물의 양을 상호 과부족 없이 하면, 몸체인 물과 정신에 해당하는 차가 상호 조화를 이루고, 물의 건건함과 차의 영험함이 함께한다. 이에 이르면 다도는 다 된 것이다.

이는 이전까지 많은 자료를 인용하여 말한 차에 대한 내용을 '평왈'이라는 말로 간추려 내린 결론에 해당한다. 그런데 '평왈'이라는 말에서 알 수 있듯이 결론을 내리기까지, 또는 이 다도 규정 전후에 이 다도 규정의 이유와 원리를 설명하는 표현이 '다신'의 의미를 빌려 자주 나타나고 있다.

즉 제57행(中有玄微妙亂顯), 제58행(眞精莫敎體神分), 제59행(體神雖全猶恐過中正)이 그렇고 이어서 결론에 해당하는 '평왈'의 주석이 붙은 제60행(中正不過健靈倂)으로 귀결된다. 이 구절들은 모두 다신의 존재와 기능의 중요함을 강조하는 의미를 담고 있다. 특히 제60행은 차탕에서 다신이 이상적으로 발현된 상태를 나타내고, 그 주석에 있는 다도의 규정 역시 다신이 이상적으로 발현되는 차탕을 이루어

한국 茶의 진실

내는 데 정성을 다해야 하는 이유의 설명에 해당한다.

　제61행부터 마지막 제68행까지는 앞에서 말했듯이 다신의 역할을 묘사한 내용으로서 제68행의 주석에 나온 음다지법 중 독철왈신(獨啜曰神)과 연계돼 있다. 이 연계 구도를 설명하자면, 61행과 62행은 음다 후 이른 정신적 경지(仙境)를 묘사했다. 음다를 통해 인간이 신선의 경지에 이를 수 있다는 것은 다신의 역할 때문이다. 신선의 경지는 인간적 요소를 완전히 털어 낸 완전 자연화의 경지로서, 음다를 통해 우리 심신에 이입된 자연의 생명에너지인 다신이 우리 심신의 탁한 기운을 걷어 내고 그 자리를 채워 우주 자연과 청신한 생명에너지로 이어져 하나가 되는 자연합일을 성사시켜 준 경지이다.

　63행~66행은 그런 경지에 이르게 된 음다의 자연환경을 묘사했다. 여기에 동원된 객(客)은 백운(白雲)과 명월(明月) 둘이다. 이때의 음다는 '음다지법'의 형식상 분류에 따르자면 '이객왈승(二客曰勝)'에 해당한다. 그래서 67행과 68행에서 두 벗을 허락하여 '승(勝)'으로 삼겠다고 하였다. 그러나 실제로는 백운(白雲)과 명월(明月)이라는 자연을 벗 삼아 홀로 마시는 차이므로 '독철왈신(獨啜曰神)'이다. 그러므로 68행에서 '도인(道人)'이라 하였고, 이는 61행~62행에서 신선의 경지에 도달(득도)한 주인공이다. 득도는 지극히 개인적 차원의 터득(攄得)이고, 이는 동양사상 기론의 원리상 최상위로 고도화된 입자성 파장 에너지인 '신(神)'의 매체적 기능을 통해서 달성된다.

이상의 고찰에서 볼 때, 초의가 다신을 동양사상 기론의 차원으로 이해했다고 할 수 있다. 동양사상 기론에서는 기가 우리 심신을 구성하여 취산(聚散)·변화(變化)하는 성격상 심신수양의 기능을 갖는 것으로 파악하고 있다. 초의가 고도화된 기로서 다신의 이런 성격과 기능을 이해하고 있었으면서 굳이 68행 주석에 나온 '음다지법'까지를 다도의 범주로 삼지 않은 것은 한재의 『다부』에 나온 다도이론의 반복이나 인용을 피하고자 한 까닭으로 보인다.

초의가 이처럼 다신의 작동에 의해 이르게 되는 수양다도의 경지를 '음다지법'으로 처리함으로써 『동다송』의 '다

도'는 '차를 만들고 차탕을 우려내는 방법'으로 제한되었고
11, 이는 결국 한국 차문화의 내용을 '다례'에 한정시키는
데 영향을 준 것으로 판단된다.

한편 초의의 차 인식을 『다신전』과 『동다송』의 책 이름
을 연계시켜 '다신'과 '동다'의 의미 맥락으로써 살펴본 논
문도 있다. 최진영은 「동다의식의 형성과 전개에 관한 연
구」(2013년 성신여자대학교 대학원 박사 학위 논문)에서 '동다송'
이라는 책 이름은 저자의 차의식 일면이 드러나는 대목이
라고 주장했다. 즉 '우리차'에 대한 확고한 주체의식을 가
지고 능동적인 사고의 뜻을 책 이름에서 드러냈다는 것이
다. 또 '다신전'이라는 책 이름에서는 초의선사의 사유나
의식의 실마리를 찾아볼 수 없다고 단정하는 것은 성급하
다고 말하고 "『다신전』이라는 제명(題名)을 통해 차의 정신
과 기운을 한마디로 '차의 신기(神氣)'로 집약한 초의선사

---

11 박동춘은 「미디어붓다」 2016년 9월 27일 기사 '대둔사 제다법, 드디어
    밝혀지다'의 댓글에서 "다도는 철학적인 개념보다는 제다와 탕법,
    품천을 아우르는 말"이라고 해다. 정서경은 초의선사 열반 150주년 기념
    초의학술발표논문집 「초의차의 전승 맥락과 제언」에서 "다도는 철학적인
    개념 이전에 차문화의 규범이고 도리이다. 제다와 탕법, 품천을 아우르는
    말이고 제다는 차를 만드는 절차에 있어서의 기술이다."라고 했다.

의 차의식을 짐작해 볼 수 있기 때문이다."라고 밝혔다.[12]

6. 『동다송』의 '다도'와 다도정신

앞에 언급한 바와 같이 『동다송』은 정조 사위 홍현주가 변지화를 통해 '다도'에 관해 물어온 데 대한 답변서이고, 『동다송』의 핵심 내용과 결론은 '다도'를 규정하여 답으로 삼은 제60행의 주석 중 '평왈(評曰)~'이하 '다도진의(茶道盡矣)'까지이다. 그 내용을 다시 보자면, '評曰 採盡其妙 造盡其精 水得其眞 泡得其中 體與神相和 健與靈相倂 至此而茶道盡矣.' 종합하여 말하자면 '찻잎을 딸 때 찻잎이 지닌 다신의 기능(神妙)을 잘 보전하고, 차를 만들 때 찻잎의 정기를 잘 보전하여, 물은 차탕 우리기에 참된 것을 골라, 차를 우릴 때는 차의 양과 물의 양의 상호 적정함(中)을 잘 조절하여야 한다. (그렇게 하면) 차탕에서 몸체에 해당하는 물과 정신에 해당하는 다신이 조화를 이루고, 몸체로서

12   최진영, 「동다의식의 형성과 전개에 관한 연구」, 성신여자대학교 대학원 박사 학위 논문, 2013, 24쪽.

물의 건강성과 정신으로서 다신의 신령함이 병존하게 된
다. 이에 이르면 다도는 다 된 것이다.'이다.

앞의 각주에서 초의 다맥을 계승하고 있다고 자처하는
박동춘 (사)동아시아차문화연구소 소장은 "다도는 철학적
인 개념보다는 제다와 탕법, 품천을 아우르는 말"이라고
주장한다. 그의 주장은 그가 '초의 다맥의 계승자'라는 주
장의 무게와 함께 한국 차 담론을 주도하고 있다는 점에
서 적지 않은 영향력을 지닌다.

예컨대 한국의 다도 정신으로 '중정'이 일컬어지고 있
는데, 이는 몇 해 전 한국 차인단체들이 '차의 날'을 정하
면서 『동다송』에 나오는 '중정'이라는 말을 '한국의 다도정
신'으로 내세운 것이다. 또 한·중·일 3국의 차계에서 3
국의 차문화 양태의 대표로는 한국 다례, 중국 다예, 일본
다도라고 인식되고 있다. '한국 다례'는 1979년 한국 차인
회가 설립되면서 생겨난 양태이다.[13]

13   최차란, 『막사발에 목숨을 쏟아 놓고』, 화산문화, 2008, 134쪽.

이처럼 한국 차인단체들이 『동다송』의 '다도' 규정 맥락 상의 용어인 '중정'을 한국 다도정신으로 삼은 것과 한국 차인연합회 결성과 더불어 '한국 다례'가 유포된 것은 조 선 전기 한재 이목이 『다부』를 통해 구축한 '한국 수양다 도'를 형식 위주의 행다법인 '다례'로 변질 위축시킨 내력 을 보여 준다.

『동다송』의 다도에 관한 다른 해석으로서 최진영은 『동 다송』 다도 규정의 '체여신상화(體與神相和) 건여령상병(健與 靈相倂) 지차이다도진의(至此而茶道盡矣)'라는 문구와 초의의 차 인식에 관해 아래와 같이 말했다.

여기에는 성(誠)으로 말미암은 체신의 상화와 차의 기능성과 기 호가 합병된 '합일지도(合一之道)'를 이룬 것이라 하겠다. 건과 령 에는 차의 기능성과 기호성에 대한 측면도 간과할 수 없다. 즉 차 의 과학적 성분과 약리적 효능이 주는 건강식품으로서의 위치와 기호성이 주는 심리적 만족감과 정신적 평화가 양립해야 한다. … 성이 미치기 전의 차(神)와 물(體)이 성으로 말미암아 '상화'될 수 있고, 중정으로서 아우르니 온전히 자신을 드러낸 건령(茶)이

되는 것이다. 이것을 '체신상화' '건령상병'의 중정적 차의식이라 하겠다.[14]

한국의 차문화 양태를 '다례', 한국 다도정신을 '중정'이라고 하는 것은 한국 차문화를 왜곡시키는 결정적인 요인이다. 이는 초의의 차 인식에 대한 오해에서 비롯되었다는 관점에서 『동다송』의 '다도' 규정을 초의의 차 인식에 정합하게 해석하고 그 바탕에서 『동다송』의 다도정신을 추출해 볼 필요가 있다.

초의가 『동다송』 제60행 주석에서 말한 '다도'는 '채다-제다-품천-포다'의 과정으로 구성돼 있다. 이를 『다신전』의 다도와 비교해 보자. 『다신전』의 다도는 '정(精)·조(操)·결(潔)'로 압축되고, 이는 각각 제다(製茶)·장다(藏茶)·포다시(泡茶時)의 방법론이다. 여기서 '조시정(造時精)'의 경우 '차를 만들 때 정성을 다하라'고 번역될 수 있다. 『동다송』의 다도 규정은 『다신전』의 다도 규정과 얼핏 유

14　최진영, 「동다의식의 형성과 전개에 관한 연구」, 성신여자대학교 대학원 생활문화소비자학과 박사 학위 논문, 2013, 155쪽.

사한 형식을 취하지만 내용은 훨씬 확장·심화된 것이다.

또 한문의 구성 구조가 달라졌는데, '채진기묘(採盡其妙) 조진기정(造盡其精) 수득기진(水得其眞) 포득기중(泡得其中)'에서 기(其)라는 정관사를 붙여서 목적어를 강조한 것이 눈에 띈다. 즉 '기묘(其妙)'는 찻잎이 지닌 신묘함,[15] '기정(其精)'은 찻잎의 정기, 기진(其眞)은 물의 순수성, 기중(其中)은 차탕에서 차와 물의 양의 적정함이다. 이런 연유에서 『다신전』의 '조시정(造時精)'과 『동다송』의 '조진기정(造盡其精)'의 경우, 똑같이 제다의 방법에 관한 진술이지만 '조시정(造時精)'은 '제다 시 정성을 다하라', '조진기정(造盡其精)'은 '제다에서 찻잎의 정기를 잘 보전하라'라고 상이하게 해석해야 한다.

이런 점들을 감안하여 『동다송』의 다도를 줄여서 말하자면 '채다—제다—품천—포다의 과정에서 다신 보전에 정성을 다하라'이고 다도정신을 '성(誠)'이라고 한다면 수양

15 동양사상 기론에서 '묘(妙)'는 신(神)의 작동 원리 또는 상태 묘사하는 말로서 '신묘(神妙)'의 축약이다.

한국 茶의 진실

론적 다도의 이론적 바탕인 동양사상의 이념에 닿는 것이 된다. 여기에서 다신의 중요성을 터득한 초의의 차 인식 수준을 알 수 있다. 나아가 '중정'과 '성'의 관계를 살펴보자면, 중정(中正)은 다신이 이상적으로 구현된 차탕의 상태를 묘사한 형용사이고, 성(誠)은 중정의 차탕을 실현해내는 정신자세 및 찻일(茶事)의 행동지침을 말한다. 최진영은 위 논문에서 "초의는 중화(中和)를 실현하기 위한 원동력으로 마음의 본체인 '성(誠)'을 삼은 것"이라고 말하고, "동양 차문화의 근본적 사유에는 정신을 담으려는 의지가 있기 때문"이라고 설명했다.[16]

이처럼 『동다송』의 다도 규정에서 파악되는 초의의 다도정신 성(誠)은 성리학 텍스트인 『중정』의 최고 이념으로서 다산의 〈다신계〉 결성 정신이자 다도정신인 신(信)과 같은 의미이다. 성은 천도(天道)의 내용으로서 '우주 자연의 존재 형식과 운영 원리'이다. 공(空)과 멸(滅)을 말하는 선승으로서 초의가 이처럼 성리학 이념을 다도정신으로

---

16 최진영, 「동다의식의 형성과 전개에 관한 연구」, 성신여자대학교 대학원 생활문화소비자학과 박사 학위 논문, 2013, 154~155쪽.

삼은 요인은 그의 학문적 기초를 다산의 가르침으로써 쌓은 데 있다고 할 수 있다. 다산은 초의의 자(字)를 신과 성을 상징하는 『주역』 괘명인 중부(中孚)라고 지어 주기도 했다. 다산이나 초의나 차의 생태와 차의 덕성에서 성(誠)을 보았고 제다에서 포다와 음다에 이르는 행다 및 끽다를 통해 이를 심신에 체득하고 실천하고자 했다고 볼 수 있다.

『동다송』의 다도정신을 '성(誠)'이라고 한다면 초의에게 『논어』와 『주역』 및 차를 가르친 다산의 다도정신 또한 '성(誠)'이 아닐 수 없다. 위 최진영의 논문 『동다의식의 형성과 전개에 관한 연구』의 관련 대목을 살펴봄으로써 이해의 폭을 넓히고자 한다.

정약용은 한국 다도문화의 중흥조로서 70편이 넘는 다시를 남긴 다가(茶家)이다. … 다산은 실천적인 중(中)을 중시하여 성(誠)을 강조하였다. 중에 대해 설명하기를 중이란 성에 의해 이룩되는 것으로, 성의(誠意)를 통하여 도심(道心)과 인욕(人慾)의 투쟁을 관조하여 정심(正心)을 유지하는 것이라고 하였다. 이 같은 실천적

인 중과 성은 차사(茶事)에 있어 초의의 중정사상에 일정한 영향을 미쳤을 것으로 생각된다.[17]

초의는 『동다송』의 '다도' 규정에서 다신(茶神)의 구현을 강조하였으나 다신이 작동하는 음다(飮茶)의 경지를 '다도'의 범주에 넣지는 않았다. 그런데 『다신전』 등초 20년 뒤에 쓴 「봉화산천도인사차지작」(奉和山泉道人謝茶之作)이라는 시에서는 다신의 작동 상태(妙源)에 이르름이 수행의 목표인 깨달음임을 묘사하고 있다. 이 시는 1850년 추사의 동생 산천 김명희가 초의의 차를 받고 감사하는 「사차」(謝茶) 시에 답한 것으로, '제2의 다송(茶頌)'으로 일컬어질 정도로 초의의 차지식 및 차정신을 잘 담고 있다. 즉 이 시에서는 초의가 『동다송』에 담지 못한 불가의 수행다도 정신을 말하고 있다.

'古來賢聖俱愛茶/茶如君子性無邪…'로 시작하는 이 시에서 불가 수행다도의 정신이 드러나는 핵심 구절은 '차의 진체는 신묘한 근원에 닿아 있고(閼伽眞體窮妙源) / 신묘한

17 위 논문 61~62쪽.

근원은 집착 없는 바라밀일세(妙源無着波羅蜜)'이다. 여기에서 차의 진정한 모습(閼伽眞體)이 신(神)의 작동(妙)의 근원에 닿아 있다는 대목은 '다선일미'의 의미와 같이 다도 수행의 목적성을 말해 준다. 범어(梵語)인 알가는 차, 시원 또는 '본래의 마음'을 의미한다. '묘원은 집착 없는 본래의 마음(妙源無着波羅蜜)'은 차가 그런 것이라는 의미이자, 그런 차를 마시는 음다 수행으로써 본래의 마음(심층마음, 아뢰야식)을 깨달을 수 있다는 의미이다.

또 기론으로 볼 때도 환상의 세계를 그려 내는 심층마음의 활동성이 바로 신묘(神妙)이고 심층마음은 묘원(妙源)이다. 곧 '閼伽眞體窮妙源/ 妙源無着波羅蜜'은 차(녹차)를 마셨을 때 다신(神)의 신통묘용(神通妙用) 작용으로 자의식이 없는 내(吾)가 본래의 마음을 깨달아(見性) 세계의 진상을 통찰하는 지혜를 갖게 된다는 의미이다.

III
결론

'다신(茶神)'의 보전과 구현 강조하여
한국 차문화를 보완하다

한국 차계에서는 초의를 '한국의 다성'이라고 부르고,
『동다송』의 탕법 용어인 '중정'을 '한국의 다도정신'으로 삼
는다. '한국의 다성'이란 초의의 저술 『동다송』을 경전으로
평가하는 데 근거를 둔 말이다. 경전은 성인들의 저작을
일컫기 때문이다. 그러나 앞에서 살펴본 바와 같이 '중정'
은 차와 물의 양이 상호 과부족 없이(中) 정상적인 차탕(正)
을 이루어 낸 상태에 대한 형용지칭이다.

다도정신이란 찻일(茶事)을 통해 지향하거나 성취되는
정신적 이념이어야 하므로, 중정은 그런 다도정신을 성취
하기 위한 방법은 될지언정 다도정신 그 자체라고 할 수

는 없다. 또 한국의 다도정신을 성리학 용어이자 형용사인 '중정'이라고 하는 것은 불가이념을 존숭해야 하는 선승 초의의 격에도 맞지 않는다. 이는 초의를 유가 용어인 '다성'으로 규정하기 위해 무리하게 끌어다 붙였다는 인상을 준다.

초의의 한국 차문화사상 공적은 『다신전』 편저를 통해 '다신'의 의미를 파악하여 소개한 것과 『동다송』 저술을 통해 다신을 구현시키는 '과정의 다도'를 규정했다는 것이다. 이러한 초의의 공적은 조선 전기 한국 최초의 다서이자 세계 유일의 다도 전문 문헌으로 일컬어지는 『다부』를 저술한 한재 이목의 차 인식, 조선시대 후기 초의에 앞서 종래의 제다법과 차종류를 취합하여 독창적이고 다양한 제다법과 차종류를 창안하고 더불어 '신(信)'이라는 다도정신으로 행사적 수양(行事的 修養)의 실천 다도를 수행한 다산의 차문화사적 영향 등과 비교하여 평가되어야 마땅하다.

한재는 이전 고려시대 문인들의 차시에서 드러난 수양

　　　　　　　　　　　　　　　　한국 茶의 진실

론적 다도 관념을 동양사상의 존재론인 기론에 입각하여 한국 수양다도의 '경지'를 이론적으로 규명하였다고 할 수 있다. 이는 『다부』의 결론 구절인 '神動氣而入妙 樂不圖而 自至 是亦吾心之茶 又何必求乎彼也'에서 확인된다. 한재의 다도관은 한국인의 종교적 정서인 '풍류'[1]를 차와 결부시 켜 '한국 수양다도'의 본질을 밝힌 것으로, 중국이나 일본 의 다도관보다 수양론적 측면에서 앞서간 것이었다. 한재 의 수양론적 다도관 제시에 따라 한국 차문화는 차의 본 래성을 기반으로 하는 차문화 본유(本有)의 영역을 수호하 게 되었다. 이는 차문화가 동양사상에서 발아된 것으로서 그 근본적 사유에 있는 '정신'을 담고자 하는 의지의 발현 이었다.

다산 역시 한재와 같이 자신이 처한 척박하고 극한적인 정치 · 사회적 상황을 차를 매개로 한 수양을 통해 극복하 고자 하였다. 구증구포에서 삼증삼쇄에 이르는 다양한 제 다법과 차 종류를 창시하고 제자들로 하여금 '다신계'를

---

1 최치원은 "신라에 현묘한 도가 있으니 풍류라 하며 유불선 삼교를 포함한다."고 난랑비 서문에 썼다. 화랑은 '풍류'를 수행의 도로 삼았다.

결성하도록 하여 '신(信)'을 다도정신으로 한 차사(茶事)의 '행사적 수양(行事的 修養)'을 지향하였다. 다산의 이런 다도정신은 떡차 제다법과 함께 초의로 이어졌다.

그러나 초의는 정신적 측면보다는 '채다 → 제다 →포다'의 '공정상의 요점'을 '다도'로 규정하였다. 이런 초의의 다도를 한재에서 다산으로 이어져 온 '한국 수양다도'의 맥과 연계시키기란 쉽지 않다. 물론 초의의 '과정의 다도'에서 '성(誠)'이라는 다도정신을 유추할 수는 있다. 또 『동다송』 제68행에서는 '자연합일'의 경지를 묘사하고 있다. 그러나 표면상 초의의 다도는 '차를 만들고 차탕을 내는 방법'으로 이해되고, 이른바 '초의차 계승자' 등 '초의차' 추종자들은 '다도'는 '차를 만들고 내는 방법'이라고 강조하고 있다.[2]

이런 탓으로 오늘날 한국의 차문화 양태는 다도의 일부에 불과한 '다례'가 전부인 것처럼 인식되면서 한재가 규

---

2   박동춘은 『초의선사의 차문화 연구』(2010, 일지사) 108쪽 '초의의 다도 정립'에서 초의가 『다신전』 및 『동다송』에서 말한 製茶法, 湯法, 藏茶法을 초의의 다도로 보았다.

정한 수양론적 다도로서의 본질적인 측면이 가려지고, 형식에 치우친 행다(다례)가 횡행하면서 한국 차문화의 정체성 상실 및 이에 따른 한국 전통 녹차의 쇠퇴와 차농(茶農)의 위기로 이어지고 있다.

초의는 『다신전』 편저(編著) 과정에서 '다신'의 의미를 터득하여 책 이름을 '다신전'이라고 지었으면서도 다신의 발현에 따라 이르게 된 음다의 경지를 왜 '다도'에 넣지 않았는가? 초의가 '다도'라고 말한 '채다−제다−포다'는 다신이 발현된 이상적인 차탕을 이루어 내는 과정일 뿐이다.

물론 초의가 『다신전』에 옮겼던 '음다지법'을 『동다송』 말미에 주석(註釋)으로 다시 옮겨 놓음으로써 그 앞의 '다도'에서 이루어 놓은 이상적 차탕을 마시는 여러 경우를 소개해 놓았다. 그러나 이는 앞의 '다도' 규정에 이은 관성적 표현일 뿐 초의의 '다도'의 범위와 초점이 가 있는 곳은 "다신이 잘 보전되도록 찻잎을 따고 제다를 하여 차탕에 적절한 물을 골라 차와 물의 양이 상호 적절하도록 하여 다신이 발현되는 차탕을 이루어 내는 것"이다.

초의가 이렇게 차탕을 이루어 내는 '과정'만을 '다도'라고 한 것은『다신전』'다도' 항의 영향이 컸다고 할 수 있다.『다신전』의 '다도'는 원전인『다록』에 기록된 '造時精 藏時操 泡時潔'이다. 초의는 이를 '수양'의 장으로 보지 않아서『다신전』에 그대로 옮기면서도 항 이름을 '다위(茶衛)'라 하였다. 그리고『동다송』의 '다도' 규정에서는『다신전』의 다도에서 '장시조(藏時操)'를 빼고 채진기묘(採盡其妙)와 수득기진(水得其眞)을 더해 보완하였다. 초의가 이렇게 기능적 측면만을 '다도'로 본 것은 한재의 다도 규정과 중복되는 것을 피하기 목적과 함께『다신전』저작 무렵 초배(炒焙) 잎차와 기호성 청차(靑茶)가 나오면서 수양론으로서의 '다도'의 의미가 이미 퇴색된 탓도 있다고 할 수 있다.

초의는『다신전』편저 과정에서 '神(茶神)'의 의미를 파악하였고,『동다송』'다도' 규정 첫머리에 '채진기묘(採盡其妙)'[3]를 앉힌 것을 보면 '妙(神妙)'의 의미와 중요성도 인식하고 있었다고 볼 수 있다. 그러나 만일 초의가 다신(茶神)

---

3 '채진기묘(採盡其妙)'는 '찻잎을 딸 때 찻잎이 품은 神의 작동성(妙 또는 神妙)을 잘 보전하라'는 의미이다.

한국 茶의 진실

의 의미 파악 연장선상에서 다신(茶神)의 역할이나 신묘(神妙)의 기론적 의미를 알았다면 다신을 차탕에 구현하기까지만으로 '다도진의(茶道盡矣)'라는 결론을 내지는 않았을 것이다. 다신을 차탕에 구현하는 궁극의 목적은 그 차탕을 음다하여 심신에 이입된 다신의 작동(神妙)으로 자연합일의 경지에 이르는 것(得道)이기 때문이다.[4] 이 맥락에는 초의가 한재와의 다도론 중복을 피하고자 했다는 것 외에 설명의 여지가 없다.

『동다송』이 정조 사위 홍현주의 다도에 관한 물음에 답변한 글이라는 점도 초의의 '다도' 규정에 영향을 끼쳤을 것이다. 남이 가져다주는 최고급 차를 마시는 왕족의 일원이 장다(藏茶)에 주의할 일은 비교적 적을 것이어서, '다신'이 잘 보전된 찻잎의 등급 정도를 식별하고 좋은 물을 골라 차탕을 내는 일이 중요함을 알려 주고자 했을 것이다. 또 불가의 선승으로서 불교의 궁극적 지향인 공(空) 또는 멸(滅)을 다도 개념에 넣거나 다도정신이라고 말하기는

---

4   한재 이목(寒齋 李穆)은 이를 두고 『다부(茶賦)』에서 '神動氣入妙 … 是亦吾心之茶'라 했다.

어려웠을 것이다. 그런 면에서도 초의의 '다도'에 깃들어 있는 다도정신은 유가적 이념인 '성(誠)'으로 파악될 수밖에 없다.

또 이런 맥락에서 명대(明代) 장원(張原)의 『다록』에 있는 중국 제다법과 '다도'를 그대로 옮기거나 확장 보완한 일을 두고 초의를 '한국 차문화 중흥조'라고 하는 것은 논리적이지 않다. '중흥'이란 있다가 쇠한 것을 다시 일으킨다는 의미인데, 초의가 이전에 한재와 다산이 구축한 '한국 수양다도'를 계승적 차원에서 중흥한 흔적은 보이지 않기 때문이다.

*이 글은 2023년 차학술지에 다른 제목으로 투고 예정인 논문입니다.

한국 茶의 진실

한국 차 선각(先覺) 삼현(三賢)이
명시한 한국 '전통 제다'와
차문화의 탁월한 정체성

근거 없는 추정에 의한 '초의차' 과장, 유독 한국에서만 난리인 폐기
물 옛차 복원(?) 및 갈색차류 · 보이차 흉내내기 등 차 사대주의가 한국
전통 녹차와 녹차 기반의 전통 차문화인 한국 수양다도를 몰아내고 있
다. 차문화의 근간인 동양사상의 차학 이론에 무지하고 영혼 없는 차명
망가들의 요설, 일부 차산지 지자체장들의 맹목적 실적주의와 그것에
빌붙은 그곳 대학 일부 차학 관련 교수들의 한탕주의용 사탕발림 거짓
을 국가적 범죄 적결 차원에서 단죄해야 한다.

한재는 『다부』 병서(서문)에서 『다부』를 쓰는 이유에 대해 "이백은 달은 좋아했고 도연명은 국화를 좋아했으며 혜강(嵆康)은 금(琴)을 즐겨서 『금부』(琴賦)를 남겼다. 하물며 차의 공덕이 최고인데도 이를 칭송하는 이가 없으니 현인을 버려둔 잘못과 같지 않은가"라고 하였다. 그리고 『다부』의 결론에서 "神動氣而入妙 …是亦吾心之茶"라고 하였다. 이는 "만물 중 차의 덕성이 최고인데도 이백 혜강 도연명도 인식하지 못하여 현인을 버려둔 것과 같으니 내가 혜강의 『금부』를 능가하는 『다부』를 지어, 차의 덕성이 '신동기입이묘(神動氣而入妙)'의 과정을 거쳐 '오심지차(吾心之茶)'라는 다도수양의 경지로 구현됨을 밝히노라"고 한 것이다. 한재는 차가 지닌 심신 수양의 원리를 기론의 이치로써 명쾌하게 밝혀서 한국 차문화의 정체성을 '수양 다도'로 규정한 것이다.

다산(茶山)은 강진 다산에서 구증구포 단차(團茶), 배쇄(焙曬) 곡우 잎산차(散茶), 삼증삼쇄 고급 연고 녹차 제다 등 독창적이고 다양한 녹차 제다로서 일이관지(一以貫之)하여, 한국 전통차의 유형을 중국이나 일본에 없는 탁월한

한국 茶의 진실

녹차로 제시하였다. 다산은 또 제자들로 하여금 '다신계'를 결성하여 '신(信)'을 다도정신으로 하는 현장 다도를 실천하게 함으로써 한재의 내성적(內省的) 수양 다도에 더해 '행사(行事)적 수양 다도'의 모범을 보였다. 다산의 이러한 차 행적은 한재와 더불어 한국 전통 차와 차문화의 정체성을 '녹차와 수양 다도'로 확정 · 명시한 것이다.

초의는 다산의 녹차(團茶) 제다의 맥을 계승하고 『다신전』과 『동다송』을 통해 명대의 초배법(炒焙法)을 소개하여 다산이 창시 · 정립시킨 한국 전통 제다를 보완하였다. 또 『동다송』에서 '다도'를 '채진기묘→조진기정→수득기진→포득기중'의 '과정'으로 정의하였는데, 한재가 제시한 '경지'의 다도에 '과정'의 다도를 더했다고 할 수 있으나 훗날 '다도(茶道)'를 '차를 내는 방법(茶法)' 정도로 생각하게 하는 빌미를 제공했다.

문화재청은 2016년 '전통 제다'를 국가무형문화재 제130호로 지정하면서, 전통 제다의 사전적 의미 제시 외에 '전통 제다'의 구체적 내용과 문화재로서 진흥 방안 등에 대해서는 앞으로 풀어야 할 숙제로 남김으로써 오히려 전통 제다와 차문화에 혼돈을 초래했다. 문화재청의 '전통 제다' 문화재 지정 발표문을 요약하면 아래와 같다.

① **지정 사유** : 다양한 제다 기법이 오늘날에도 활발하게 전승돼 널리 통용되고 있으며, 차 만드는 과정과 마시는 방식에서 우리만의 고유성과 표현미가 확연히 드러난다(지정 사유).

② **'전통 제다' 정의** : 차나무의 싹, 잎, 어린줄기 등을 이용해 차(茶)를 만드는 기법으로 찌거나 덖거나 발효 등을 거친 재료를 비비기, 찔기, 압착, 건조 등의 공정을 통해 마실 수 있는 차로 만드는 일련의 전통기술.

③ **전통 제다 기능보유자 미지정 이유** : 하동 · 보성 등 한반도 남부에 광범위하게 퍼져 있는 데다 워낙 제다법이 다양해 어느 한 단체나 개인을 문화재 보유자로 지정하는 데 무리가 따른다.

④ **'전통 제다' 문화재 지정에 따른 과제** : 앞으로 제다의 범주와 계보 등을 밝히는 학술대회 등을 열어 우리 제다의 고유성과 역사성을 확립할 방침.

문화재청은 한국 '전통 제다'에서 고유성과 표현미가 확연히 드러나기 때문에 문화재로 지정한다고 하면서도 우리 제다의 범주와 고유성을 앞으로 학술대회를 열어 밝히고 확립하겠다고 하였다. 그러나 문화재 지정 6년이 지난 지금까지 '전통 제다' 관련 학술대회가 열린 적이 없다. 그렇다고 마지못해 뒤늦게 학술대회를 열어 봐야 관행적으로 '그 밥에 그 나물'인 관변 차학자와 차명망가들을 동원한 뜬구름 잡는 식 동의어 반복이나 빅데이터 운운하는 거창한 말잔치에 지나지 않을 것임은 뻔하다.

이 책에서 한국 차 선각(先覺)들의 기록을 통해 한국 '전통 제다'와 차가 어떤 것인지, 다도에서는 왜 녹차로써 어떤 원리로 심신 수양에 이르게 되는지, 그 답에 해당하는 한국 전통 차와 차문화의 정체성이 명백하게 밝혀졌다. 그것은 한재가 제시한 수양 다도, 다산이 창안한 독창적이고 다양한 제다법에 따른 녹차 제다의 일관성, 여기에 초의가 명나라 초배법을 곁들인 녹차와 '한국 수양다도'이다.